DE

LA CAVALERIE FRANÇAISE

PAR A. HOCQUET

Capitaine au 7ᵉ Dragons

***

LYON

TYPOGRAPHIE E.-B. LABAUME, C. LAFAYETTE, 5.

1868

DE

LA CAVALERIE

FRANÇAISE.

DE
LA CAVALERIE FRANÇAISE

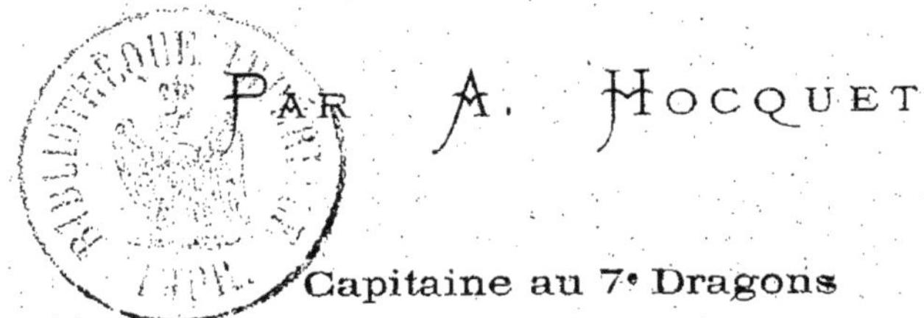

PAR A. HOCQUET

Capitaine au 7ᵉ Dragons

LYON

TYPOGRAPHIE E.-B. LABAUME, C. LAFAYETTE, 5

1868

En nous livrant aux quelques études nécessitées par le présent travail, nous avons acquis sur la valeur de notre arme la conviction la plus profonde, les idées les plus certaines.

Ce sont ces idées, que nous-même avions jusqu'alors pressenties sans nous en rendre complètement raison, c'est cette conviction, cette foi désormais inébranlable, que nous voudrions faire partager à nos camarades de la Cavalerie.

Nous n'avons pas cherché à trouver notre arme meilleure que d'autres armes ; nous avons voulu seulement la reconnaitre bonne et forte, et, en la montrant telle, nous n'avons eu l'idée d'aucune comparaison avec les autres fractions de l'Armée française ; il ne nous est jamais venu de songer à amoindrir ceux qui forment avec nous le puissant faisceau des forces qui protègent le pays. Nous avons toujours eu, au contraire, cette grande et productive pensée que, aux jours du danger, au jour du combat, toutes les armes sont étroitement solidaires ; toutes doivent s'estimer, s'aider, se secourir mutuellement ; toutes doivent concourir au même but avec le plus entier dévouement. Sans unité d'action, pas d'effort puissant, pas de succès glorieux.

Il y avait à voir de quelle importance pourrait être, dans les combats modernes une Cavalerie très instruite : nous ne nous sommes senti ni assez éclairé, ni assez autorisé pour aborder ce grave sujet. Restant dans de plus étroites limites, nous avons voulu rechercher quels sont les dangers que court notre arme devant la mousqueterie perfectionnée de nos jours ; — nous avons essayé de démontrer que nous pouvons résister aux nouveaux et terribles engins ; que, même, nous en pourrons augmenter notre propre force ; — nous avons cherché enfin à indiquer quelques perfectionnements en vue de préparer la Cavalerie à la plus grande somme des services qu'elle puisse rendre.

Si nous avons pu maintenir ou ramener à la Cavalerie la confiance en elle-même ; si nous avons pu faire pénétrer quelques parcelles de notre foi, dans l'esprit des officiers nos camarades, nous croirons avoir bien servi la cause de notre arme et nous nous trouverons amplement payé de nos labeurs.

DIVISION SYNOPTIQUE

PREMIÈRE PARTIE.
Ce qui a été fait pour la Cavalerie.

Armes rayées.

Ce que la Cavalerie doit craindre des nouvelles armes.
- De la portée.
- De la précision.
- De la multiplicité des feux : *Lequel examiner du fusil prussien ou du fusil français ? — Le fusil prussien est-il bon ? — Portée et justesse des deux fusils. — La multiplicité des feux est-elle un progrès absolu ?*
- Bases des calculs : *Vitesse de la Cavalerie. — Vitesse du tir. — Longueur de la portée.*
- Tir de l'Infanterie.
- Tir de l'Artillerie.
- Résumé.

Avantages qu'elle en peut tirer.
- Par l'adjonction de troupes armées des nouvelles armes.
- Par l'usage qu'elle fait elle-même de ces armes.
- Avantages du fusil 1866.
- Utilité des feux de la Cavalerie.

Conclusions sur cette question.

Améliorations.

- De l'instruction.
  - Travail individuel.
  - Travail en divisions actives.
  - Nouvelles méthodes de dressage.
- De l'équipement.
- Des effectifs.
  - Suppression des musiques.
  - Diminution des ordonnances.

DEUXIÈME PARTIE.
De ce qui reste à faire.

Rajeunissement de la Cavalerie.

- Avantages de la jeunesse.
- La Cavalerie doit être jeune.
  - Cavaliers.
  - Officiers.
- Moyens de rajeunissement.
  - Troupe.
  - Officiers subalternes.
  - Officiers supérieurs et généraux.
- Résumé.

Instruction des Officiers.

- Progrès de l'instruction dans toutes les classes sociales.
- Instruction générale.
  - Des officiers sortant de St-Cyr.
  - Des officiers sortant de la troupe.
  - Eléments composant cette instruction.
  - Choses proposées.
- Instruction militaire.
  - Eléments qui la composent.
  - Instruction théorique.
  - Pratique de l'équitation.
  - Choses proposées.
- Résumé.

Instruction des Cavaliers.

- La Cavalerie doit être très instruite.
- Instruction des recrues.
  - Gymnastique, Voltige.
  - Ecoles du cavalier et du peloton.
  - Travail individuel.
  - Théories préparatoires.
  - Paquetage.
  - Grands dépôts.
- Instruction d'escadron.
  - Multiplier les séances d'instruction.
  - Supprimer les occupations inutiles.
  - Exercices de campagne : *Dans les garnisons ; — aux camps ; — en route.*
  - Tir : *Avoir une bonne arme ; — étudier les principes de cette arme ; — pratique du tir.*

Donner plus de rapidité à la Cavalerie.

- Amélioration de l'espèce.
  - Chevaux normands.
  - Chevaux de Tarbes.
- Nourriture du cheval.
  - Dès l'élevage.
  - Dans les haras de l'Etat.
  - Dans les grands dépots.
  - En station, dans les temps de manœuvre.
  - En route, aux camps.
- Dressage du cheval.
  - Dès l'élevage.
  - Par les recrues.
  - Par les sous-officiers.
  - But du dressage : *Rendre nos chevaux maniables ; — les accoutumer aux courses ; — les habituer aux feux.*
- Equipement.
  - Principes généraux.
  - Modifications à l'habillement.
  - id. au grand équipement.
  - id. à l'armement.
  - id. au harnachement.
  - id. au petit équipement.
  - id. au campement.
  - Tableau comparatif du poids de tous les effets.

ERRATA.

—

DE

LA CAVALERIE FRANÇAISE

La Cavalerie française s'est peut-être trouvée un moment dans un état d'infériorité relative en présence des progrès qu'avaient faits l'Infanterie et l'Artillerie.

Il ne faut chercher à cela d'autre cause que le trop petit nombre d'occasions où la Cavalerie ait pu, depuis cinquante ans, mettre en essai les modifications qui doivent la perfectionner.

Si cet état n'est pas entièrement disparu, il faut reconnaître cependant qu'un pas énorme a été fait : dès-lors qu'un mouvement en avant est commencé, — dès-lors que les intelligences spéciales sont excitées,— il y a lieu de croire que ce mouvement continuera et qu'on en verra sortir des résultats avantageux pour notre arme.

Les questions qui se rattachent à la Cavalerie peuvent être divisées ainsi :

1° Ce qui a été fait pour elle;

2° Ce qui reste à faire.

Quelle est la plus considérable , la plus importante de ces deux séries d'idées?... — C'est une solution à réserver pour l'instant où chacune d'elles aura été examinée.

Voyons d'abord *ce qui a été fait*, partie importante et considérable qui doit amener à parler de la plupart des questions essentielles à la vitalité de notre arme.

Première Partie

CE QUI A ÉTÉ FAIT POUR LA CAVALERIE

Les esprits peu réfléchis ont pu subir les progrès donnés à la Cavalerie, sans en apprécier immédiatement toute l'importance : une simple énumération rappellera à chacun ces progrès et formera d'ailleurs le meilleur sommaire de cette partie du présent travail :

1° — *Les armes rayées*, ce que la Cavalerie doit en craindre soit de l'Infanterie, soit de l'Artillerie ; — ce qu'elle en peut tirer de ressources dans chacune de ses subdivisions : Cavalerie de réserve, Cavalerie de ligne et Cavalerie légère.

2° — *Le travail individuel.*

3° — *Travail en divisions actives*, Versailles, Lunéville, Lyon, Châlons.

4° — *Nouvelles méthodes de dressage*, Baucher, Lancosme-Brèves, Bony.

5° — *Modifications à l'équipement*, casques, cuirasses, tunique, pantalon, armes, etc.

Armes Rayées

—

La question des armes rayées et surtout des armes se chargeant par la culasse est assurément l'une des plus graves de l'art militaire de notre temps, bien qu'il ne faille pas, avec un auteur moderne, en attendre un bouleversement pareil à celui qu'amena l'invention de la poudre.

On a pu croire un moment que la Cavalerie se trouverait intimidée de tous les pronostics fâcheux et malveillants dont elle a été l'objet à cette occasion; c'était, disent quelques-uns, la cause de son amoindrissement, de sa suppression peut-être.

Mais ceux qui parlent ainsi, il faut le remarquer, ce sont des gens étrangers à la Cavalerie : on ne voit pas nos généraux actuels, les Morris, les d'Allonville, les généraux commandant nos belles divisions actives, ceux qui nous instruisent par leurs conseils ou leurs écrits, ceux que nous reconnaissons pour nos chefs enfin, on ne les voit pas désespérer, douter même des destinées futures de la Cavalerie. Ce sont les gens qui l'ignorent tout entière, qui ne savent aucune de ses qualités, qui ne prévoient aucune de ses ressources, les gens qui ne l'ont pas vue : voilà ceux qui la jugent.

Comme la Cavalerie elle-même possède des *armes rayées*, fusils et pistolets, —comme elle aura, elle aussi, très-prochainement sans doute, des armes se chargeant par l'arrière, la question présente deux faces bien distinctes :

1° — *Ce que la Cavalerie doit craindre des nouvelles armes;*

2° — *Les avantages qu'elle en peut tirer.*

Si la Cavalerie a tout à craindre des armes rayées, c'est une cause de destruction trop puissante pour qu'elle y résiste : n'attendons pas qu'elle soit abattue par les canons nouveaux, supprimons-la bien vite.

Mais si elle peut résister à cette puissance d'une nouvelle espèce, si même elle peut trouver quelque avantage dans le perfectionnement des armes à feu, la Cavalerie ne doit-elle pas vivre, ne pourra-t-elle pas voir s'étendre le cercle de son action ?

Voyons si elle peut exister.

Si oui, voyons ce qu'on en pourra faire.

Ce que la Cavalerie doit craindre des nouvelles armes.

Les éléments qui doivent rendre plus redoutables les nouvelles armes de l'Infanterie et de l'Artillerie sont *la portée* et *la justesse* du tir ; une troisième cause de puissance vient de s'ajouter récemment aux deux premières : *la multiplicité des coups*.

Ces éléments n'ont-ils pas été exagérés et sont-ils tant à craindre ?

Il faudra bien un jour s'éloigner des calculs scientifiques du papier et descendre à cette pratique prosaïque mais réelle enfin et positive, non pas seulement du champ de tir, du polygone, mais du champ de bataille, cet autre terrain d'exercices qui déroute parfois bien un peu les prévisions.

Portée.

La portée du fusil de la plupart de nos régiments se trouve-t-elle notablement augmentée ? — Non, car, dès 1770, l'*Essai général de tactique* de de Guibert, *page 44*, reconnaissait aux fusils français une portée assurée de grand effet à 160 mètres, — de bonne portée horizontale à environ 360 mètres. Avec des angles de mire plus étendus, les balles frappaient communément à 1000 et 1200 mètres et quelquefois à des distances *bien plus éloignées.*

Un fait généralement trop peu connu est celui-ci : c'est que c'est la forme du projectile et non la rayure du canon qui a donné de la portée à nos armes à feu. Des expériences furent faites en 1847, à la suite desquelles on put constater qu'un fusil à canon lisse chassait une balle sphérique à 1200 mètres, tandis qu'un fusil *rayé* chargé dans les mêmes conditions ne chassait la même balle qu'à 1000 mètres.

On en rabattra, en ce qui concerne la portée ; car, à quoi serviront des boulets jetés à six ou huit kilomètres si, à cette distance, pour la moindre ondulation de terrain, le plus petit brouillard, un peu de poussière ou de fumée, on ne peut, même avec des instruments, apercevoir le but à atteindre. Le tir au *juger* ne peut être considéré , de bonne foi, comme réellement redoutable, réellement sérieux ; il obligera peut-être les troupes à un simulacre de déplacement et ce sera tout.

Si nos canons rayés, à Solférino, ont été nuisibles aux réserves autrichiennes, convenons-en, c'était un peu sans s'en douter.

Il faudra que ces longues distances soient appréciées très rigoureusement, sinon l'obus aura toutes chances pour s'enterrer ou éclater à un kilomètre en avant de nous, ou pour passer à dix mètres au-dessus de nos casques.

« C'est dans l'habitude de l'appréciation des distances « que gît surtout la véritable difficulté du tir des armes « de précision (Léon MARÈS, *Des nouvelles armes rayées*, 1860, page 32.)

Un grave inconvénient des armes rayées, c'est qu'elles ont des trajectoires d'une flèche considérable ; cela diminue d'autant la zone efficace (*Cours de tir à l'usage des officiers et des sous-officiers d'Infanterie*, publié par ordre du Ministre, 1862, pages 91, 92, 93).

Le tir à 2500 mètres a une flèche de *cent soixante*

mètres. (*Notices sur le camp de Châlons*, par M. le Maréchal MAC-MAHON).

De plus, comme la chûte est plus perpendiculaire, le ricochet devient difficile, la balle s'enterre plus facilement ; — l'obus par sa forme et ses ailettes, a aussi moins de chances de ricocher régulièrement.

Un officier devra-t-il être jugé incapable si, à 8,000 mètres, il se trompe de 500 ; — si, à 800 mètres, il se trompe de 50 ?

« Rarement le terrain offre une surface assez unie
« pour que le canon puisse tirer de plus loin qu'un fusil
« portant efficacement à 700 mètres. A cette distance,
« les pentes et les obstacles dérobent souvent à la vue
« non-seulement un homme, mais des corps entiers de
« troupes ; ou l'inclinaison à donner à l'axe de la
« bouche à feu, pour produire un résultat utile, n'est
« pas susceptible d'être obtenue. » (BONNEAU DU MARTRAY, *Nouvelle méthode de guerre basée particulièrement sur les perfectionnements du fusil*, — 1859, — page 11.)

Lorsqu'une troupe de Cavalerie se verra à deux lieues, recevant des boulets ennemis, elle profitera assurément de la sécurité que lui donne l'éloignement : si elle est en vue, elle se déplacera pour gagner un abri ; sinon elle pourra tromper l'ennemi en lui faisant croire à ce déplacement.

Une simple marche en avant de cent mètres, de temps à autre, peut la mettre hors de portée.

« Passé une certaine limite, la portée importe peu
« dans les batailles où les éléments sont des hommes,
« c'est-à-dire des corps petits et mobiles. » (Léon MARÈS, p. 98.)

Enfin, le résultat définitif, dans une bataille, c'est qu'on s'aborde toujours ; jusqu'alors on n'en cite pas qui ait été gagnée à plusieurs kilomètres de l'ennemi.

Si, en fin de compte, il faut se prendre corps à corps, c'est une manœuvre à faire le plus promptement possible afin de rester le moins longtemps sous les coups des armes à longue portée.

« Les batailles deviendront-elles des duels à la cara-
« bine où les deux partis se fusilleront sur place, sans

« manœuvrer, jusqu'à ce que l'un des deux s'enfuie ou
« soit détruit? — Or, si l'on ne peut décider du sort d'une
« bataille en restant sur place, il est évident que la vic-
« toire se prononcera pour le général qui manœuvrera
« le mieux. — Malgré le perfectionnement, deux armées
« se rencontrant et voulant se livrer bataille ne sauraient
« se fusiller de loin toute une journée; il faudra tou-
« jours que l'une des deux se porte en avant pour atta-
« quer l'autre. » (*Précis de l'art de la guerre* par Jo-
MINI.)

« On cherchera à mettre plus de rapidité dans les
« manœuvres afin de rester moins longtemps exposé au
« feu de l'ennemi. » (VIAL, *Cours d'art militaire*, tome
2, p. 31.)

Si, comme l'a dit l'Empereur lui-même, ces armes ne
sont pas, de près, plus dangereuses que les anciennes, il
faut donc arriver vite, le plus vite possible près des
tireurs.

« Et c'est pour cela, disait naguère avec esprit un officier d'Infanterie dans le *Moniteur de l'Armée*, c'est parce
qu'il s'agit d'aller vite que l'on songe à supprimer la
Cavalerie !... »

Nous parlerons un peu plus loin de la portée du fusil
modèle 1866.

Précision.

La précision des feux ne doit pas paraître non plus trop
effrayante si l'on considère toutes les difficultés qu'il y
a à l'obtenir et la multiplicité des causes qui doivent
l'altérer.

Les causes de non-justesse, étrangères à l'arme elle-
même, fusil ou canon, sont restées ce qu'elles étaient
autrefois; peut-être même y en a-t-il qui se trouvent
augmentées : ainsi, grâce à la longue portée, un vent
violent doit avoir sur le projectile une action déviatrice
plus prolongée, plus difficile à prévoir (*Instruction sur le
tir à la carabine*, publiée par ordre du Ministre, 1860,
p. 122 et 123.) ; ainsi, la moindre erreur dans le viser,

dans le pointage, amènera tout de suite un écart latéral considérable.

Un terrain irrégulier, raboteux, détrempé devra toujours produire des difficultés, des erreurs probables dans le pointage ; les obstacles qui interceptent la vue, les illusions d'optique existent toujours comme pour l'ancien tir.

Nous avons perfectionné nos armes, mais on trouvera toujours, comme autrefois, de mauvais tireurs, des peureux, de la poussière, de la pluie, de la fumée, etc. La balle et le boulet sont restés sujets au plus grand nombre des infirmités des anciens.

Les armes rayées ont le défaut de dévier par rapport à la ligne de mire, du côté où épaule le tireur. (*Tir de la carabine*, p. 121.) Cette déviation n'étant pas constante ne peut, le plus souvent, même avec du calme et de la réflexion, être sûrement rectifiée. La cause de cette irrégularité n'est pas bien déterminée.

Une autre cause d'irrégularité, *la dérivation*, a lieu sur la droite ou sur la gauche du plan de tir, suivant que le canon de l'arme est rayé de gauche à droite ou de droite à gauche. (*Tir de la carabine*, page 121.)

Une autre cause encore vient de ce que, « pour que le « mouvement de rotation du projectile ne produise pas « de déviations, il faut que l'axe de ce mouvement se « confonde avec l'axe du mouvement de translation. « Cette condition est parfaitement remplie lorsque la « balle sort de l'âme ; mais, lorsqu'elle est arrivée à une « certaine distance, la route suivie ayant changé de di-« rection par suite de la courbure de la trajectoire, l'axe « de la balle, qui tend à rester parallèle à lui-même, fait « un angle avec la direction du mouvement de transla-« tion ; il en résulte une déviation de la balle. » (*Cours de tir*, p. 121.)

(*Voir la planche, figure 1, à la fin du volume.*)

L'action de la pesanteur se faisant sentir sur le projectile non loin de la sortie de l'âme, il en résulte que la trajectoire commence de bonne heure à ne plus se confondre avec la ligne de tir : l'irrégularité se produit d'autant plus tôt et se trouve plus longuement actionner le projectile.

Pendant que le tireur charge son arme, le canon se trouve incliné en avant ; la poudre se trouve alors versée plus d'un côté que de l'autre ; c'est encore une cause de non-justesse, mais qui disparaît avec les armes se chargeant par la culasse.

Il y a, pour les armes de précision, bien d'autres causes minutieusement mathématiques pour lesquelles le projectile ne peut atteindre le but : nous y reviendrons.

Voici, contre la justesse des armes à feu, quelques faits d'observation personnelle :

Les tables de tir offrent des déviations latérales, mais on semble n'oser pas dire les plus graves ; un officier d'Artillerie nous affirme avoir tiré deux fois de suite avec la même pièce rayée, dans toutes les mêmes conditions, et avoir éprouvé un écart inexplicable de plusieurs centaines de mètres.

Une compagnie d'Infanterie tirant à 400 mètres, sans conditions défavorables, a mis trois balles dans la cible sur 90 tirées.

La butte qui sert au tir à la cible de l'Infanterie à Versailles, sur le plateau de Satory, est large de 30 mètres, haute de 7 mètres au moins. Les troupes qui s'y exercent sont les grenadiers et les voltigeurs, les zouaves et les chasseurs à pied de la garde ; ce sont donc des troupes d'élite si jamais il en fut. Le tir s'y fait dans des conditions exceptionnelles de bonne instruction, de bon agencement.

Les cibles sont placées au pied de la butte et dépassées en haut par une élévation de terre de 5 ou 6 mètres.

Malgré cet énorme exhaussement, la cime des arbres qui se trouvent derrière la butte, est littéralement hachée par les balles, ainsi que les arbres qui se trouvent à une certaine distance de chaque côté de la butte.

Le général Bardin démontre (*Dictionnaire militaire*, au mot *tir*) la nullité du savoir en fait de tir, par le peu de résultats obtenus, même *sur des cibles*.

C'est donc surtout à propos de la justesse qu'il y aura

d'énormes déceptions pour ceux qui ne comptent que sur la science exclusive des chiffres, des mesures d'angles, des forces de projection ou de résistance, etc.

Les plus ardents défenseurs des armes rayées avaient eux-mêmes si peu de confiance dans les résultats qu'on en peut obtenir, qu'ils voulaient d'autres éléments de succès pour gagner des batailles.

« Ces *trois* genres d'exercices, *bien développés*, dans
« une *armée intelligente*, produiront des résultats incal-
« culables, c'est-à-dire : 1º l'ensemble et la rapidité du
« mouvement ; 2º la réussite des surprises et des marches
« forcées ; 3º la justesse des feux exécutés par les masses
« ou individuellement ; la puissance irrésistible dans les
« charges à la baïonnette où chaque combattant, péné-
« tré de sa supériorité sur son adversaire, acquiert une
« force double de celle de son ennemi si celui-ci n'a
« puisé comme lui, dans ces différents exercices, de
« nouvelles forces physiques et morales.

« Si l'arme est l'instrument qui décide de la victoire ;
« la santé est celui de l'ordre, de la force, de l'élan, du
« courage et de l'intrépidité. » (MANGEOT, *des nouvelles armes rayées*, p. 17, 24.)

On le voit, les armes rayées ne paraissent pas suffisantes.

Qu'a-t-on vu arriver à la suite du perfectionnement et de l'adoption de la carabine à tige des Chasseurs de Vincennes ?

On a vu surgir l'escrime à la baïonnette et les manœuvres au pas gymnastique.

On ne croyait donc pas déjà tant alors à la longueur de la portée, à la précision de la balle, puisqu'on recourait aux moyens de perfectionner le combat corps à corps.

Si la portée et la précision eussent été des éléments si précieux, si fructueux, si décisifs pour le sort des combats, n'eût-on pas donné des carabines de précision à toute notre armée au lieu d'en donner seulement aux chasseurs à pied ?

On a dit souvent que pour savoir la guerre il fallait savoir marcher, dormir et manger ; on a dit qu'il fallait

la science du terrain, du coup d'œil, de l'à-propos, etc.
Toutes ces sciences vont-elles se trouver rabaissées, inu-
tilisées, anéanties par la seule qui doive désormais subsister : *savoir tirer* ?

Multiplicité des coups.

Pendant l'élaboration du présent travail surgit brus-
quement un nouvel instrument de guerre dont la réputation a profondément impressionné l'opinion publique
en France : c'est le fusil à aiguille.

La Prusse, qui était armée de cette nouvelle arme, a
remporté si vite, sur l'armée autrichienne, une suite de
victoires si décisives que, n'en comprenant pas tout d'a-
bord la raison, on s'est plu à en attribuer le mérite ex-
clusif au fusil à aiguille.

C'est donc ce nouvel engin que nous devons prendre
à parti. Nous l'examinerons aux points de vue ci-après :

1° Auquel faut-il nous attaquer, du fusil prussien ou
du fusil français ?

2° Le fusil prussien est-il réellement bon ? Mérite-t-il
sa réputation ? Lui doit-on les succès de l'armée prussienne ?

3° Portée du fusil prussien et du fusil français; leur
justesse ;

4° La multiplicité des feux est-elle un progrès absolu ?

I.—C'est surtout au fusil prussien que nous allons nous
attaquer ici, d'abord parce qu'il est la cause de toutes
les agitations militaires de ces temps derniers, ensuite
parce que c'est avec la Prusse que nous paraissons actuellement le plus exposés à un conflit armé.

Il est raisonnable néanmoins de prévoir que la Cavalerie française puisse se trouver en face d'une arme
meilleure que le fusil prussien; nous nous occuperons
donc aussi du fusil français, système Chassepot, dit modèle 1866, le considérant comme le plus perfectionné de
tous ceux qui sont actuellement en usage.

Mais en nous attaquant au fusil français, nous n'avons aucunement l'intention de le discréditer ni aux yeux de ceux qu'il est destiné à combattre, ni, moins encore, aux yeux de ceux qui l'auront entre les mains ; nous le considérons comme le meilleur, et nous cherchons seulement à éclairer nos camarades de la Cavalerie sur la plus grande somme de ses effets possibles.

Ce fusil restera-t-il le plus parfait de ceux que les armées soient appelées à manier ?

Ce n'est pas probable.

Le sentiment de l'instabilité de notre armement s'est produit jusques dans les discussions du Corps législatif. (*Séance du 2 mars 1867.*) — Le Ministre d'Etat lui-même disait, dans la séance du 18 mars : « On a « substitué la baguette en fer à la baguette en bois ; on « a substitué le fusil se chargeant par la culasse au « fusil se chargeant par l'orifice supérieur ; *on arrivera* « *dans quelques années* à des transformations de mous-« queterie plus intelligentes encore. » (*Moniteur,* page 323.)

Mais encore ne peut-on établir de discussion que sur ce qui existe actuellement. Nous nous attacherons plus particulièrement au principe qui guide, de nos jours, les inventeurs : la vitesse du tir.

Les inventions pourront d'ailleurs être fort nombreuses et plus ingénieuses les unes que les autres sans que, pour cela, elles se trouvent du domaine des choses applicables. Non seulement beaucoup d'entre elles sont très-compliquées, très-fragiles et, par conséquent, peu propres à supporter les vicissitudes d'une bataille, d'une campagne ; mais encore il arrivera qu'une nation, ayant récemment dépensé une somme énorme pour changer tout le système de son armement, ne pourra renouveler ce sacrifice tous les trois ou quatre ans, sans exciter au plus haut degré les plaintes des contribuables.

Et que faire, sinon une perte sèche, des millions de fusils successivement réformés ?

Le fusil prussien a été, il faut en convenir, la cause de terreurs bien précipitées, bien irréfléchies, comme le sont d'ailleurs toutes les terreurs de la foule.

Pour dire si cette arme est réellement bonne, comme le reproche d'inexpérience pourrait nous être adressé, cédons la parole à des autorités plus instruites, plus compétentes.

Voici ce que disait, avant la guerre de la Prusse avec l'Autriche, un écrivain sur la matière, M. Cador, auteur d'un travail remarquable sur *les armes portatives se chargeant par l'arrière.*

« La Prusse est la seule nation du monde où l'armée
« soit exclusivement pourvue de fusils se chargeant
« par la culasse. La guerre contre le Danemark et les
« résultats donnés par le fusil à aiguille ont eu, au mo-
« ment de cette lutte inégale, un grand retentissement ;
« mais, depuis, il a été reconnu que le mérite de l'arme
« prussienne avait été considérablement surfait.

« Un examen poussé à fond nous a démontré jusqu'à
« l'évidence que l'arme prussienne ne saurait sérieuse-
« ment convenir aux exigences d'une grande guerre.
« C'est en effet à tête reposée, à leur heure, sans avoir
« été ni inquiétés, ni coupés, ni surpris et comme,
« pour ainsi dire, à un tir d'exercice, que les Prussiens
« ont fait usage de leurs armes contre les Danois. A
« quelques instants de combat succédaient de longs
« jours de repos où le matériel portatif pouvait être par-
« ticulièrement soigné, entretenu, réparé ou renouvelé.
« Il suffit, du reste, de démonter et de remonter le sys-
« tème de ce fusil si bizarrement compliqué, véritable
« spécimen du génie allemand, ne comptant pas moins
« de quatorze pièces formant six enveloppes concen-
« triques autour de l'aiguille, pour se convaincre que
« ces organes délicats, compliqués, demandent une
« grande précision d'ajustage, sont tous accessibles aux
« gaz de la charge, à l'humidité, et présentent, dans
« leur agencement, une complication mécanique inad-
« missible pour une véritable arme de guerre (1).

---

(1) Que dira M. Cador d'un fusil où se trouvent 23 pièces ? — 1o La boîte de culasse comprenant 7 pièces ; — 2o la culasse mobile divisée en cylindre composé de 4 pièces, et en chien composé de 12 pièces. (*Instruction du 20 septembre 1867*, page 32.)

« Quand on tire le fusil prussien, le premier effet qui
« frappe les yeux c'est le crachement considérable qui
« se produit au point de contact des biseaux circulaires
« du canon et de la culasse mobile. Ce crachement est
« tellement intense, qu'un écran en carton, posé sur le
« canon à hauteur de cette zone, a été brûlé sur un
« rayon de cinq centimètres du canon et à une profon-
« deur d'un millimètre. Ce crachement se produit à
« chaque coup et va sans cesse en augmentant. Après
« cinq coups tirés, la zone d'emboîtage du canon a été
« recouverte d'un linge qui s'est enflammé au sixième
« coup.

« Ce crachement dépose, entre les biseaux de l'emboî-
« tage du canon et la boîte de la culasse mobile, une
« couche épaisse de résidus qui ne tarde pas à engraver
« la révolution de la culasse mobile dans la boîte de la cu-
« lasse. Cet effet d'engravement de l'emboîtage du canon
« augmenté de la dilatation produite sur le fer par le
« dévelopement du calorique, crée une telle difficulté
« pour ouvrir ou fermer le système, qu'après un certain
« nombre de coups tirés, il est impossible au tireur de
« manœuvrer la culasse mobile sans prendre un point
« d'appui sur son genou et sans faire un violent effort.

« Cette résistance nécessite de la part du soldat des
« attitudes et des mouvements violents inadmissibles
« dans les rangs. Il en résulte aussi que la vitesse du
« chargement attribuée théoriquement au fusil prussien,
« à cause de la connexité de l'amorce à la cartouche,
« a bientôt disparu et n'excède pas trois coups et demi
« par minute.

« Ce qui contribue encore à réduire la vitesse du char-
« gement, c'est qu'il arrive fréquemment que des débris
« enflammés de l'enveloppe de la cartouche, restent à
« l'entrée de la chambre et forment un obstacle à l'in-
« troduction d'une nouvelle cartouche qu'il faut, dans ce
« cas, pousser en faisant un effort avec le pouce. Cette
« difficulté est d'autant plus grande, que la cartouche est
« abandonnée dans la boîte de la culasse et que le tireur
« doit, avec la main, la centrer dans la chambre dont les
« parois sont saillantes sur le fond de la boîte de culasse.

« Le crachement qui s'échappe par l'emboîtage réagit
« à l'intérieur de la boîte de culasse et se prolonge au-
« dessous de la culasse mobile jusques dans l'évidement
« de la poignée du bois de monture. Les gaz ainsi con-
« duits se projettent directement à la hauteur de l'œil
« du tireur, qui s'en trouve rapproché par le pointage. »

« Mais ce n'est pas seulement par l'emboîtage du ca-
« non que les gaz prennent leur issue. Malgré la ténui-
« té de l'aiguille et de son tube conducteur saillant au
« fond de la chambre de la culasse mobile, les gaz rem-
« plissent ce tube, se déposent sur l'aiguille même, pé-
« nètrent à l'intérieur du cylindre de platine et autour
« de la tige porte-aiguille et du ressort à boudin qui le
« commande.

« Tout le système se trouve donc envahi par les gaz
« et il arrive fréquemment que l'aiguille reste saillante
« hors du tube, et que le cylindre de platine, encrassé
« par les gaz, est entravé dans sa marche et nécessite
« un effort violent pour être reporté en arrière ; effort
« d'autant plus pénible et douloureux à la longue, qu'il
« ne peut être produit que par l'extrémité du pouce.

« La chambre de la culasse mobile n'est en réalité
« qu'un réceptacle aux résidus de la charge et aux détri-
« tus de l'enveloppe de la cartouche qui s'y accumulent
« et s'y tassent jusqu'à produire au fond, un enroche-
« ment d'un centimètre de profondeur.

« Ces effets sont tellement réels et ont été si bien pré-
« vus, que chaque soldat est muni d'une fraise à dents
« aiguës, taillée à six pans et mue par un levier de neuf
« centimètres de long. Cette fraise est destinée à couper
« et fractionner, au moyen de ses dents, l'enrochement
« déposé au fond de la chambre, et à nettoyer, par les
« arêtes de ses pans, les parois de la chambre. Un alésoir
« conique et dentelé est disposé pour nettoyer l'intérieur
« du tube conducteur.

« Il résulte de ces observations surprises sur le fait
« que, quelque restreint que soit le nombre des coups
« tirés, tout ce mécanisme d'une complication si touffue
« et qui demande un long apprentissage pour être bien
« compris, doit être nettoyé de fond en comble, et qu'il

« est impossible que l'arme ayant été tirée et déposée
« au bivouac, sans avoir été mise en état, puisse, par
« suite de son refroidissement et du durcissement de
« l'encrassement déposé dans son mécanisme, reprendre
« ses fonctions.

« L'expérience démontre aussi que, par suite de la
« mauvaise répartition de son poids et des efforts mus-
« culaires que le soldat doit faire pour manœuvrer les
« organes de fermeture de son arme, il lui est impos-
« sible d'en poursuivre le tir au-delà de dix coups.

« Quant à la justesse du fusil prussien, à 225 mètres,
« qui est la troisième distance réglée par la hausse de
« l'arme, on peut dire qu'elle est sans aucune efficacité.
« La trajectoire est si peu tendue, que la hausse, prise
« de l'axe, à la distance de 225 mètres, est de 34 milli-
« mètres. Cela vient de la déperdition considérable des
« gaz par la culasse et du système vicieux du force-
« ment qui s'opère uniquement sur le sabot, dont le
« poids, neuf fois moindre que celui du projectile, ne
« peut commander ce dernier et lui communiquer l'im-
« pulsion rotative qu'il a reçue des rayures.

« Le projectile, du calibre de 13 mill. 5, est d'ailleurs
« isolé des parois du canon, dont le calibre est de 15
« mill. 43, par un espace annulaire vide d'environ un
« millimètre. Le projectile paraît donc simplement pro-
« jeté hors du canon, sans avoir reçu d'impulsion rota-
« tive et, d'ailleurs, il est constaté que le sabot l'aban-
« donne à environ 30 mètres de la bouche du canon et
« qu'il perd aussitôt son équilibre.

« Il a été observé, dans le tir, que des débris enflam-
« més de papier restaient dans la chambre du canon et
« formaient un obstacle à l'introduction de la cartouche.

« En résumé, le fusil prussien à aiguille est, sous
« tous les rapports, tellement défectueux et dangereux
« à tirer, qu'il est à peine concevable qu'un gouverne-
« ment ait pu faire reposer sur lui sa puissance mili-
« taire. »

Voilà donc reconnue bien mauvaise l'arme avec la-

2

quelle la Prusse entre en campagne et il ne faut guère, de prime abord, en attendre de grands succès.

Cependant la Prusse eut des succès rapides, éclatants, décisifs.

« L'opinion publique toujours prompte à juger d'après « ses premières impressions, a cru découvrir dans le « fusil à aiguille le grand secret des brillantes opérations « de l'armée prussienne; sans nier l'efficacité de cette « arme, nous lui contestons absolument la puissance « magique de mettre des bataillons en déroute. » (BUREAU, *Moniteur de l'armée du 21 décembre 1866.*)

Essayons de corroborer par quelques faits cette opinion qui n'est malheureusement pas celle de tous nos officiers.

Si le fusil à aiguille a mis hors de combat un grand nombre d'ennemis, il est juste de lui attribuer les succès de la Prusse. Dans ce cas, il a été tiré un grand nombre de coups, il a été consommé un grand nombre de cartouches.

Renversons les termes de cette proposition :

S'il est démontré qu'il a été consommé peu de cartouches, qu'on n'a pas tiré beaucoup, c'est déjà, semble-t-il, une présomption contre la multiplicité des feux; c'en est une contre le grand nombre des victimes de cette sorte de feux.

Si l'on prouve que la guerre de la Prusse avec l'Autriche n'a pas été sensiblement plus meurtrière que toutes les guerres antérieures; si l'on prouve enfin qu'il n'y a pas eu, relativement, un grand nombre d'ennemis tués dans cette courte campagne; si les pertes prussiennes ne diffèrent pas énormément, en tués et blessés, des pertes autrichiennes;

Ne devra-t-on pas conclure que le fusil est un imposteur qui s'est attribué des succès dûs à d'autres causes?

Les autres causes de la défaite de l'armée autrichienne sont bien reconnues par tous les gens qui ont suivi attentivement cette guerre instructive; mais la foule ne s'en est pas rendu compte tout d'abord.

La cohésion et l'esprit patriotique de l'armée prussienne devaient obtenir raison des éléments hétérogènes, des nationalités diverses, Autrichiens, Hongrois, Slaves, Italiens, — des aspirations contraires que renfermait l'armée autrichienne.

La promptitude et l'ensemble des opérations d'un côté, tandis que, de l'autre, il n'est apparu que lenteurs, indécisions, divergences même, dans le commandement.

L'entrain et la puissance morale que se donne l'assaillant, opposés à l'appréhension, la subordination aux plans de l'ennemi qu'impose la défensive.

L'inaction des alliés de l'Autriche, qui devaient produire dans l'Allemagne septentrionale une diversion inquiétante pour la Prusse : tandis que l'agression italienne obligeait l'Autriche à diviser ses propres efforts.

L'audace, la témérité même qui a fait avancer l'armée prussienne jusqu'à 25 kilomètres de Vienne, reportant ainsi sur le territoire ennemi tout le fardeau de la rencontre au lieu de le laisser supporter à son propre pays ; — tandis que le général autrichien n'a montré ni assez d'initiative, ni assez de célérité pour empêcher l'invasion non-seulement de la Saxe son alliée, mais même de la Bohême son propre territoire.

Voilà certes des raisons qui expliquent et au-delà, sans féerie, comment une nation de trente millions d'habitants, une des plus anciennes, une des plus valeureuses, une des premières de l'Europe, s'est trouvée si promptement à la merci d'une nation jusques là secondaire ; comment une armée qui comptait un effectif de 650 mille hommes a été battue et dispersée en quelques jours de combat.

Des chiffres incroyablement minimes ont été rapportés relativement au tir du fusil à aiguille. Il a été dit que chaque soldat prussien avait consommé en moyenne *sept* cartouches et que ceux qui en avaient usé le plus, en avaient brûlé *vingt-trois*. (*Tableau officiel des munitions consommées pendant la guerre de 1866*, par le colonel Borbstaedt, page 258.)

Que devient alors cette prestigieuse rapidité dans le tir tant vantée, tant redoutée ?

Cela s'accorde d'ailleurs avec les renseignements pris

sur le fait même, nous apprenant que les officiers prussiens cherchaient surtout à empêcher un tir inutile ; cela s'accorde avec les documents qui rapportent qu'à Sadowa, le tir ayant été reconnu sans effet, les Prussiens chargèrent à la baïonnette.

On ne peut donc pas dire qu'on a tiré beaucoup.

Il est notoire de longue date que l'armement des troupes n'a pas rendu jusqu'ici les batailles plus meurtrières. Au contraire, les grandes collisions qui ont précédé l'invention de la poudre témoignent d'un acharnement bien plus funeste à la vie humaine, que les combats à distance. Depuis cette grave modification apportée à l'art des combats, on a vu, comme auparavant, des rencontres où les armées perdaient peu d'hommes, d'autres où elles en perdaient un très-grand nombre.

Parmi ces dernières, on peut citer :

En 1382, Rosebecque où	50 mille Flamands perdent	25 mille des leurs,	soit	50	pour 100
1415, Azincourt —	50 mille Français	— 24 mille	—	48	—
1805, Austerlitz —	95 mille Austro-Russes —	40 mille	—	42	—
1806, Iéna —	150 mille Prussiens	— 65 mille	—	43	—
1813, Leipsig —	360 mille alliés	— 85 mille (tués ou blessés)		24	—
1814, Vauxchamps	28 mille Prussiens	— 14 mille	—	50	—
1815, Waterloo —	70 mille Français	— 35 mille	—	50	—
id. —	130 mille Alliés vainqueurs	26 mille	—	20	—
1859, Solférino —	200 mille Français	— 20 mille	—	10	—
id. —	150 mille Autrichiens	— 30 mille	—	20	—

Comme on le voit, les pertes atteignent assez souvent jusqu'à la moitié de l'une des deux armées en présence. A Leipsig, le nombre des *tués et blessés* atteint 24 pour 100 ; à Waterloo, les pertes des vainqueurs sont de 20 pour 100, et assurément ce ne fut pas non plus en prisonniers.

Comparons ces chiffres avec ceux de la bataille la plus importante de la campagne austro-prussienne, Sadowa.

Il y avait là d'innombrables bataillons et l'on ne voit pas fréquemment une aussi immense quantité de soldats en présence.

Les hommes armés du fusil à aiguille s'y sont trouvés en grand nombre et les coups portaient sur des masses profondes : voilà deux causes particulières de pertes pour les Autrichiens.

L'armée prussienne avait 150 mille hommes et en a perdu 10 mille, soit 6,6 pour cent ; — l'armée autrichienne avait 180 mille hommes et en a perdu 40 mille, soit 22,2 pour cent (1).

Sur le chiffre des pertes autrichiennes, il faut retirer 18,000 prisonniers (BORBSTAEDT, page 124) ce qui ramène à 22,000 tués ou blessés, soit 12,4 pour 100.

Les Autrichiens vaincus ont donc perdu à Sadowa la moitié de ce que, avec les Russes, ils avaient perdu à Austerlitz ; — à peu près, *en tués et blessés*, a moitié des pertes des alliés à Leipsig ; — moitié de ce que nous autres Français avons fait perdre à nos vainqueurs de Waterloo.

Sur ces 22,000 tués ou blessés, combien ont été atteints par les sabres de la Cavalerie, combien par les boulets ou la mitraille de l'Artillerie, par les heurts, les chûtes et tous les accidents qui surviennent en un si immense désordre ?

Quel est enfin le funèbre contingent fourni par le projectile du nouveau fusil ?

Pour pouvoir mieux s'en rendre compte, il faut lire une relation de cette grande bataille, où se montre à chaque pas le peu d'importance du rôle joué dans ce grand drame par le fusil à aiguille.

Nous donnerons ici presque entière une relation faite sur le champ de bataille même, au lendemain du combat, dans le propre camp des Prussiens, par un narra-

---

(1) Le chiffre de 150 mille Prussiens doit être expliqué. L'effectif des corps engagés s'élevait à 256 mille ; ces corps s'étaient sans doute amoindris par diverses causes, car le colonel Borbstaedt n'en porte plus le chiffre qu'à 200 mille au commencement du récit de Sadowa, page 110. Un peu plus loin, page 113, il déclare formellement que les combattants n'étaient qu'au nombre de 150 mille, et il en donne les raisons. C'est donc sur ce dernier chiffre qu'eurent lieu les pertes annoncées.

Les 180 mille hommes de l'armée autrichienne furent tous engagés, et c'est aussi sur ce chiffre que doit être prise la proportion des pertes autrichiennes.

(Voir le volume du Colonel Borbstaedt, pages 107, 113 et 124.)

teur dont on se plut, à cette époque, à reconnaître la
sincérité, l'impartialité, — le correspondant du journal
anglais *Le Times.*

« A sept heures du matin, le prince Frédéric-Charles
« poussa en avant sa Cavalerie et son Artillerie à cheval
« qui descendit la colline menant à la Bistritz. Quand
« elles furent arrivées au bas, les canons autrichiens
« ouvrirent contre elles le feu d'une batterie placée dans
« un champ près du village où la grande route traverse
« la Bistritz et la bataille commença.

A l'arrivée du roi de Prusse, 7 h. 3/4, l'Artillerie prussienne à cheval fut renforcée par des batteries de campagne et la canonnade devint plus vive.

« Les canons autrichiens apparaissaient comme par
« magie sur chaque point des positions autrichiennes,
« débouchant de chaque route et de chaque village.

On se canonna ensuite à Benatek, mais avec des succès balancés.

« Au centre, la bataille était très-animée. Les Prus-
« siens mettaient en action batterie sur batterie et en-
« tretenaient un feu terrible contre les batteries autri-
« chiennes qui le leur rendaient souvent avec usure,
« car les officiers d'Artillerie autrichiens connaissaient
« bien leur terrain.

« Il y eut là un grand nombre de *tués et de blessés.*

Enfin les batteries autrichiennes reculèrent. *Avant que*
les préparatifs de l'Infanterie fussent terminés, le village
de Benatek prit feu.

« La 7e division prussienne voulut s'emparer de ce
« village, mais les Autrichiens ne reculèrent pas devant
« les flammes ; ce fut la première fois dans cette journée
« que l'on combattit corps à corps. Le 27e régiment
« commença l'attaque en se jetant dans les vergers du
« village ; les maisons en feu séparaient les combattants
« qui s'envoyaient des coups de fusil à travers les flam-
« mes ; mais les Prussiens *ayant réussi à tourner* le
« foyer de l'incendie prirent leurs ennemis à revers et
« les forcèrent à se retirer en abandonnant de *nombreux*
« *prisonniers.*

Cela se passait à la gauche du prince Frédéric-Char-

les. A dix heures, le centre s'ébranla de chaque côté de
la route qui va à Sadowa, pour attaquer les villages de
Sadowa, Dohilnitz et Mokrowens.

« Les Prussiens ne pouvaient avancer que lentement
« par des chaussées étroites ; leur tir était plus vif, *mais*
« les maisons, les arbres et la fumée des décharges autri-
« chiennes leur masquaient les villages. Dans cette atta-
« que, en plusieurs endroits, leur route était pavée de
« blessés.

« A ce moment l'Artillerie prussienne, *pour venir*
« *au secours de l'Infanterie*, sans plus s'occuper des bat-
« teries ennemies, dirigea son feu sur les villages et fit un
« *épouvantable ravage* dans les maisons.

Mokrowens et Dohilnitz furent incendiés.

« La lutte continua près d'une heure dans les villages
« et aux alentours. Au bout de cet intervalle, l'Infan-
« terie autrichienne refoulée *par une charge* de l'en-
« nemi, se retira, mais seulement un peu en arrière,
« demeurant sur la ligne de ses batteries. Le bois qui
« est au-dessus de Sadowa fut énergiquement défendu ;
« celui qui sépare Sadowa de Benatek, rempli de fusiliers
« autrichiens, barrait le chemin à la 7ᵉ division.

« Le général Fransecky, qui commandait cette 7ᵒ divi-
« sion, lança son Infanterie sur le bois et dirigea son
« Artillerie sur les batteries autrichiennes. Sa division
« commença à tirer à travers les arbres, mais sans pro-
« duire *aucun effet ;* l'ennemi était à l'abri et les feux
« de mousqueterie ne l'atteignaient pas.

« Le général Fransecky fit alors charger à la baïon-
« nette.

« Les Autrichiens attendirent de pied ferme et le bois
« de Benatek fut alors témoin d'un des plus terribles
« engagements de cette guerre : le 27ᵉ régiment prus-
« sien, en y entrant, comptait près de 3,000 hommes
« et 90 officiers ; — il en sortit avec 3 ou 400 hommes
« et 2 officiers ; *tout le reste était tué ou blessé !*

« Les autres régiments de la division subirent aussi
« *d'énormes pertes*, mais pas dans cette proportion.

Le bois de Benatek emporté, la ligne autrichienne
percée, une nouvelle ligne se reforma en arrière, au bois
de Sadowa.

« L'Artillerie prussienne fut alors envoyée au-delà de
« la Bistritz et commença à faire feu sur la nouvelle
« position autrichienne.

A la droite prussienne, le général Herwarth avait ren-
contré une brigade saxonne et un peu d'artillerie autrichienne qu'il poussait vers Lissa, paraissant vouloir tourner la gauche des Autrichiens.

Sadowa et Dohilnitz étaient emportés et l'Infanterie
prussienne put être envoyée à l'attaque du bois où s'é-
taient reformés les Autrichiens.

« Elle n'obtint pas beaucoup de résultats au premier
« abord, car les Autrichiens étaient cachés par le bois et
« le feu des fusils à aiguille ne portait pas, tandis qu'une
« batterie autrichienne faisait d'affreux ravages.

« Les assaillants brisant les obstacles, firent irruption
« dans le bois; le combat continua d'arbre en arbre.
« Les Autrichiens renouvelèrent leurs assauts pour re-
« prendre la position; mais dans cette lutte corps à
« corps, leurs *jeunes soldats* tombaient comme des
« quilles devant les *vigoureuses* troupes de la 8e divi-
« sion.

« En même temps l'Artillerie autrichienne faisait mer-
« veille (1), de sorte qu'à une heure de l'après-midi, la
« ligne entière de bataille des Prussiens ne pouvait plus
« avancer et se trouvait même obligée de combattre avec
« acharnement pour conserver les positions qu'elle avait
« gagnées. Un moment même elle parut sur le point de
« les perdre, car une partie des canons avait été démon-
« tée par l'ennemi et sur ce terrain boisé, le *fusil à*
« *aiguille n'avait pas beau jeu*, de sorte que la bataille
« était égale pour les deux Infanteries.

La 5e et la 6e divisions envoyées par le prince Frédéric-Charles, pénètrent dans le bois de Sadowa, mais elles
y sont arrêtées par l'Artillerie autrichienne qui les mas-
sacre.

Sur la droite, le général prussien Herwarth semble
aussi obligé de s'arrêter.

---

(1) La philanthropie, à propos de cette expression, se montra alors moins
acariâtre que de nos jours. *Alia tempora, alia mores.*

Les soldats du général Fransecky, décimés déjà, ne pouvaient venir au bois de Sadowa ; toute l'Artillerie prussienne était engagée moins huit batteries tenues en réserve pour le cas de revers.

« Ainsi, la première armée se trouvait réellement arrê-
« tée dans sa marche, sinon déjà refoulée. Les généraux
« commençaient à tourner des regards inquiets sur leur
« gauche, dans la direction de l'armée du prince royal.

A trois heures on attendait encore cette deuxième armée. Le général Voigts-Rhetz va à sa rencontre et rapporte que déjà le prince royal combat à Lissa.

En effet, en un quart d'heure, l'Infanterie du prince royal avait forcé les Autrichiens à battre en retraite ; la première armée reprit alors courage et, à partir de cet instant, le mouvement d'abandon des Autrichiens devint plus précipité.

« Les Prussiens les poursuivirent sur les deux routes
« de Kœniggraetz et de Pardubitz ramassant un grand
« nombre de prisonniers, jusqu'à l'Elbe, à 9 heures
« du soir.

« La cause immédiate de cette victoire a été l'attaque
« du prince royal sur la droite des Autrichiens. »

Prenons de ce récit les enseignements propres à notre sujet ; revenons sur les passages que nous avons déjà soulignés.

On doit remarquer tout d'abord que ce n'est que tard que le fusil entre en action ; ce n'est qu'après une longue canonnade où il y eut *beaucoup de tués et de blessés*, qu'on le voit apparaître à l'incendie du village de Benatek.

Constatons aussi dès ce moment que le plus souvent c'est à l'Artillerie qu'il faut attribuer le plus grand nombre des hommes mis hors de combat dans cette bataille ; de même que nous devons appeler l'attention sur la fréquence des occasions où se font des prisonniers ; tout cela diminue le nombre des blessés ou tués par le fusil, la seule chose qui nous préoccupe actuellement.

C'est par un *mouvement*, et non pas seulement par leur feu, que les Prussiens, tournant le foyer de l'incendie à

Benatek, forcèrent l'ennemi à se retirer et à *abandonner beaucoup de prisonniers.*

A dix heures, à l'attaque des villages, le feu des Prussiens est vif, mais inutile ; et, bien que l'historien dise
leur chemin pavé de blessés, ce qui laisserait à penser
que le fusil a eu ici quelque succès, ce n'est cependant
qu'avec l'Artillerie *qui vient à son secours*, que l'Infanterie se tire d'affaire ; et c'est grâce à elle, Artillerie,
qu'il y eut un épouvantable ravage dans les maisons.

Un peu plus tard, c'est par une *charge* et non par les
effets du tir, que l'Infanterie autrichienne est repoussée.

Enfin, nous le demandons sincèrement, à quoi a servi
le fusil à aiguille dans le bois de Benatek, puisque le général Fransecky *fait charger à la baïonnette* après une
mousqueterie infructueuse ?

Que dire de cette lamentable boucherie du 27e régiment prussien et de toute la division Fransecky ? Les
Autrichiens cependant n'avaient pas de fusils à aiguille !

A la seconde ligne, dans le bois de Sadowa, c'est
encore l'Artillerie prussienne qui obtient le plus d'avantages, tandis que le feu des fusils à aiguille, c'est dit
textuellement, *ne portait pas ;* — et plus loin : *les fusils
n'avaient pas beau jeu.*

Quand enfin ce bois de Sadowa est envahi, les Prussiens, qui ont des soldats *vigoureux*, — c'est audacieux
qu'on devrait dire, — renversent les *conscrits* autrichiens — conscrits démoralisés. C'est donc dans la lutte
corps à corps et non par le tir qu'il y a victoire. Jusques
là, le feu, des deux côtés, avait eu un égal succès. Les
Prussiens ont bien senti la nécessité de renoncer à ce
moment au tir : ils ont chargé leurs ennemis et les ont
culbutés ; c'était sans doute le meilleur moyen de s'emparer de ce bois jusqu'alors inexpugnable.

Pendant la retraite, les Prussiens font un grand nombre de prisonniers.

Après cette narration, l'esprit le plus prévenu peut, ce
semble, apprécier exactement l'efficacité du fusil à aiguille dans les combats ; le journaliste anglais ne s'y
trompe pas et, sous l'influence encore toute présente des

péripéties de la journée dont il a été le spectateur désintéressé et impartial, il attribue la victoire non à l'arme nouvelle des Prussiens, mais à l'intervention du corps du prince royal, intervention inattendue, on le croirait, par le général autrichien.

Que l'on juge maintenant, sur les 22,000 blessés et tués autrichiens, quelle part doit être attribuée au fusil à aiguille !

Mais, pendant que nous nous escrimons aux preuves de détail, voici des voix pleines d'autorité qui viennent résumer nos idées, fortifier l'opinion que nous nous étions formée sur ce sujet, et rectifier le jugement précipité qui avait été porté sur la valeur du fusil prussien.

Quelques jours après les succès de l'armée prussienne, le 11 juillet 1866, le *Moniteur de l'armée* publiait en tête de ses colonnes les lignes ci-après qui parurent alors, sinon avoir l'attache absolument officielle, être du moins l'expression de ce que pensait la haute administration militaire de notre pays :

« Les esprits sont vivement préoccupés depuis quel-
« ques jours du fusil à aiguille. L'opinion publique en
« face de l'importance, de la rapidité des succès de la
« Prusse et de l'impossibilité d'apprécier immédiatement
« les causes de faiblesse qui ont pu peser sur l'armée
« autrichienne, a accepté la première explication qui lui
« a été offerte et attribue exclusivement et sans hésiter
« les victoires des Prussiens à la nouveauté et à la supé-
« riorité de leur armement.

« Le jour commence à se faire, mais il n'éclairera
« que les personnes qui n'ont pas besoin d'être éclairées,
« et la masse restera sur sa première impression, — im-
« pression d'autant plus vive que, pour elle, ce mot *fusil*
« *à aiguille* semble renfermer quelque chose d'inconnu
« et de mystérieux.

« Il paraît donc utile de donner sur ce sujet quelques
« renseignements.

« Le fusil prussien n'est pas une nouveauté. Depuis
« longtemps en France et dans tous les Etats de l'Eu-
« rope, il est parfaitement connu dans tous ses détails,

« ainsi que la cartouche qui lui est affectée. Il a été
« adopté en principe par le gouvernement prussien
« antérieurement à l'année 1848. Il a fait sa première
« apparition sur le champ de bataille pendant l'inter-
« vention prussienne dans le Grand-Duché de Bade en
« 1848 et 1849. Dès l'année 1850, vingt-cinq bataillons
« d'Infanterie en étaient pourvus. En 1853, le chiffre
« des bataillons armés du fusil à aiguille, était de qua-
« rante huit. En 1855 enfin, l'usage de ce fusil était
« généralisé dans les troupes de la Prusse. C'est avec
« lui qu'elles ont fait la guerre du Danemark ; c'est avec
« lui qu'elles viennent de combattre en Bohème et dans
« la Thuringe les armées de l'Autriche et de la Confédé-
« ration germanique qui, mieux que d'autres, avaient eu
« le temps et les moyens nécessaires pour en apprécier
« la valeur et pour se l'approprier si elles l'avaient jugé
« utile.

« Certes, ce qui vient de se passer sur les rives de
« l'Elbe prouve que le soldat prussien possède une
« bonne arme, bien en rapport avec son caractère et ses
« aptitudes, et dans laquelle il a pleine confiance ; mais
« l'Autriche elle-même venait d'adopter récemment un
« nouveau fusil qui était à ses yeux, probablement aussi
« bien que le fusil prussien, la dernière expression du
« progrès. Elle avait certainement confiance en ce fusil,
« et cependant elle a été vaincue.

« Disons plus : la Prusse et l'Autriche arrivaient sur
« le champ de bataille chacune avec un nouveau canon
« de campagne longuement et discrètement étudié ;
« l'Autriche avec une bouche à feu qu'elle regarde
« comme un perfectionnement de ce canon rayé fran-
« çais auquel elle s'est plu à attribuer ses défaites de
« 1859 en Italie ; la Prusse, toujours plus hardie dans
« ses entreprises, avec un canon en acier fondu et se
« chargeant par la culasse, dont elle a prétendu faire
« dans ces dernières années un objet de mystère. Cepen-
« dant jusqu'ici, il est impossible de discerner le rôle
« joué par ces deux engins de guerre. Faut-il en con-
« clure que ce rôle a été indifférent ? — Non. La préoc-
« cupation s'est portée ailleurs ; elle s'est emparée du

« fusil à aiguille; le fusil à aiguille a suffi à tout expliquer.

« La vérité n'est donc pas là. Quand des masses de
« 200,000 hommes s'ébranlent sur un champ de ba-
« taille de plusieurs lieues d'étendue et marchent à la
« rencontre l'une de l'autre, il faut autre chose pour
« expliquer la prépondérance de l'une et la faiblesse de
« l'autre, que l'excuse banale des instruments qu'elles
« ont entre leurs mains. L'instrument est un excellent
« appoint qu'il faut se procurer à tout prix, mais ce n'est
« pas tout.

« Le fusil prussien se charge par la culasse. Comme
« toutes les armes à feu de cette espèce, il offre l'avan-
« tage incontestable, sur les armes se chargeant par la
« bouche, de se prêter à un tir beaucoup plus rapide,
« jusqu'à une certaine limite marquée par l'échauffement
« du canon et la fatigue de l'homme. Sous le rapport de
« la justesse et de la portée, il ne présente rien de par-
« ticulier et qui n'ait été obtenu, même dépassé, dans
« les nombreux modèles d'armes établis depuis son adop-
« tion. Son défaut est d'avoir une construction plus dé-
« licate que le fusil ordinaire, et d'exiger plus de soins et
« des approvisionnements plus difficiles à assurer long-
« temps et partout. Il demande impérieusement des
« officiers toujours attentifs et des soldats toujours obéis-
« sants.

« L'aiguille n'est qu'un mode particulier de mettre le
« feu à la poudre de la cartouche. Dans les fusils ordi-
« naires se chargeant par la bouche ou par la culasse,
« cet effet est produit par un marteau solidaire avec un
« ressort qui l'abat sur une capsule. Dans le fusil prus-
« sien, le feu est produit par une aiguille d'acier lancée
« sur l'amorce par un ressort à boudin.

« Ce procédé convient peut-être mieux que tout autre
« à un fusil se chargeant par la culasse; mais, en lui-
« même, il ne possède aucune vertu particulière. Il y a,
« par conséquent, lieu de laisser de côté l'aiguille, qui
« n'est qu'un détail de construction et de n'envisager le
« fusil prussien que comme un type de fusil se char-
« geant par la culasse.

« Une discussion sérieuse, si elle était nécessaire, ne
« pourrait donc s'établir que sur les mérites et les dé-
« fauts inhérents aux deux systèmes de fusils de guerre.
« Or, cette discussion est inutile. On s'occupe depuis
« longtemps en France, de l'établissement d'un fusil se
« chargeant par la culasse dans lequel on cherche à réu-
« nir tous les progrès obtenus jusqu'à ce jour par l'étude
« de la question très-complexe des armes de guerre et
« des munitions qui leur conviennent. Après le long et
« minutieux examen qui a été fait des nombreux mo-
« dèles fournis par les hommes spéciaux de tous les pays,
« un type de fusil a été arrêté.

« Ce fusil est actuellement en expérience dans plu-
« sieurs des corps de la Garde impériale réunis au camp
« de Châlons, et toutes les mesures sont prises dans les
« manufactures d'armes, et notamment dans celle de
« Saint-Etienne récemment reconstruite et puissamment
« outillée, pour une fabrication aussi rapide que les cir-
« constances l'exigeront.

Enfin, le 6 février 1867, paraissait dans la même
publication, un travail portant l'empreinte d'un haut
jugement et que, malgré l'anonyme, on s'est plu à
attribuer à l'une de nos plus éclatantes célébrités militaires actuelles. On y lit :

« Une guerre longuement préparée étonna l'Europe,
« il y a six mois, par des succès sans exemple dans l'his-
« toire. Un peuple de nationalité récente, le dernier né
« de la grande famille européenne, subjugua en huit
« jours la vieille Autriche et l'Allemagne. Calculs politi-
« ques, prévisions militaires, tout disparaît devant la ra-
« pidité foudroyante des événements et les sentiments
« divers qu'inspirent tant de ruines. En France, certains
« esprits émus, impatients de remonter des effets aux
« causes, attribuant tout à une organisation dont on
« avait médit souvent sans la bien connaître, s'éprennent
« comme par enchantement des institutions de la Prusse.
« Il semble, à les croire, que le fusil à aiguille soit le
« dernier mot des inventions modernes, que l'acier
« fondu ait à tout jamais détrôné le bronze, que la

« landwehr puisse seule désormais gagner des batailles.
« Il se rencontre même, au milieu de ces aspirations
« tumultueuses vers un régime nouveau, des esprits
« effrayés qui accusent chaque heure perdue, tant leur
« paraît grand le danger de conserver des institutions
« consacrées par de longues années de gloire, tant il y a
« urgence, à leurs yeux, de se *façonner à la prussienne.*
« . . . . . . Que le sentiment public ait subi toutes les
« influences d'un mirage politique et militaire, que la
« nécessité de se *prussianniser* soit devenu en un jour
« un axiôme à l'abri de toute contradiction, c'est là une
« de ces exagérations regrettables contre lesquelles le
« bon sens public ne saurait trop réagir. »

Nous pouvons donc hardiment répondre aux questions
que nous nous étions posées au commencement de cette
partie de notre travail :

Le fusil prussien n'est pas bon ;

Ce n'est pas à lui qu'il faut attribuer les succès de
la Prusse.

Il y a, à ce sujet, une remarque à faire, qui n'est pas
sans bizarrerie :

En France, nous ne voulons pas reconnaître, quoiqu'en
dise l'Autriche, que c'est à nos canons rayés que nous
avons dû nos succès à Solférino.

Les Prussiens ne veulent pas non plus, eux, — malgré
l'opinion publique européenne, contre laquelle d'ailleurs
ils ont raison, — reconnaître que c'est au fusil Dreyse
qu'ils doivent la réussite de leur campagne de 1866.

« Tous les auteurs prussiens s'attachent à démontrer
« que rien n'est plus faux que cette idée, et que c'est
« avant tout à l'excellence de leurs combinaisons straté-
« giques et à la supériorité morale de leurs soldats, que
« les généraux prussiens ont dû leurs victoires.

« Le grand nombre des prisonniers autrichiens qui
« ont été faits dans presque tous les combats et dans les
« batailles de cette guerre, est un fait surprenant pour
« qui songe à la ténacité et à la bravoure reconnues
« avec lesquelles se battent les Autrichiens. Il ne peut

« s'expliquer que par la *supériorité morale du soldat*
« prussien, par sa confiance illimitée dans son fusil,
« comme arme de jet et comme *arme blanche*, et enfin
« par l'*entrain irrésistible* avec lequel furent exécutées
« toutes les attaques. Les soldats prussiens montrèrent
« en outre plus d'adresse et d'intelligence pour profiter
« du terrain, plus d'enthousiasme et d'esprit de sacrifice
« dans le combat, que ne le faisait le soldat autrichien ;
« de plus, celui-ci, mal commandé, perdait vite la tête
« et le courage, et subissait son sort avec apathie. »
(*Campagnes de la Prusse*, par le colonel Borbstaedt,
page 78).

Après avoir énuméré les causes des succès de son
pays, le même historien prussien dit :

« L'Infanterie avait une confiance entière dans son
« fusil à aiguille et, comme on avait approfondi et soi-
« gné l'instruction du tir, elle savait s'en servir. *En
« tout cas*, le fusil à aiguille était bien supérieur au fusil
« d'Infanterie autrichien et il a contribué beaucoup aux
« succès et à l'attitude pleine de confiance de l'Infanterie
« prussienne ; mais, c'est *exagérer* que d'attribuer à lui
« seul les grands résultats obtenus sur les champs de
« bataille ; dans la plupart des cas, les Prussiens étaient
« les agresseurs et, par conséquent, ils ont certainement
« tout aussi souvent brisé la résistance de l'ennemi en
« combattant corps à corps, ou en chargeant à la baïon-
« nette, qu'en employant le feu de leurs fusils à aiguille ;
« ce n'est que lorsqu'ils étaient obligés momentanément
« de se tenir sur la défensive, ou lorsqu'ils poursuivaient
« l'ennemi à coups de fusil, après l'avoir repoussé, que la
« rapidité du feu a réellement pu causer des ravages. Ce
« qui assurait au fantassin prussien une supériorité
« réelle, c'était son courage impassible, son habitude de
« la marche et la rapidité de ses mouvements, sa grande
« habileté à profiter du terrain ; c'était enfin, que cha-
« cun étant instruit, savait se retrouver promptement
« et sûrement dans toutes les phases du combat. » (*Ibid.*
page 233).

« La petite quantité des munitions consommées
« prouve que le fusil à aiguille n'est pas la cause unique

« des victoires de la Prusse : il faut y joindre la puissance
« des baïonnettes prussiennes. » (*Ibid.* page 258.)

La Prusse, comme la France, repousse donc l'idée de
devoir la victoire aux seuls engins matériels ; chacune
de ces deux grandes puissances militaires l'attribue à des
causes d'un ordre plus élevé.

C'est ainsi que dans un duel, on se glorifie moins d'un
succès obtenu au moyen d'un tir lointain, que de celui
qu'on obtient dans un combat à l'arme blanche. Dans le
premier cas, c'est le plus souvent un peu d'adresse aidée
de beaucoup de hasard qui vous a servi ; — dans le second, c'est non-seulement l'adresse, mais la dextérité, la
vigueur, le sang-froid, le courage enfin, c'est-à-dire l'ensemble de toutes les qualités si hautement appréciées
dans notre valeureuse nation.

L'une des deux manières de combattre est donc
moins honorable que l'autre. On éprouve une sorte de
honte à combattre au pistolet ; — il semble qu'on doive
être réputé plus brave, plus chevaleresque, à voir de
près son ennemi.

Cette vérité, on le voit, est sentie tout aussi bien par
les nations que par les individus.

III. — La portée du fusil à aiguille est à peu près
celle de notre fusil rayé français encore actuellement en
service ; mais cette portée reste sans emploi puisque,
comme il apparaît dans la relation de Sadowa, les Prussiens ont toujours cherché à se rapprocher de leurs ennemis ; il faut ajouter que les officiers contenaient leurs
soldats pour les empêcher de faire feu de trop loin ; il a
été rapporté qu'on défendait très formellement de commencer les feux aux distances de plus de 100 mètres.

Quant au fusil français de 1866, comme le calibre de
la balle est de beaucoup amoindri, la force de pulsion de
la poudre actionnera une résistance tout naturellement
amoindrie d'autant. Théoriquement, la balle se trouve
chassée plus violemment, plus loin ; il faut donc compter
sur une portée plus longue.

Cette portée sera-t-elle plus utile, plus utilisée que celle du fusil prussien ?

Il faut bien croire d'ailleurs que la seule portée véritablement efficace, ne sera jamais que la portée de but en blanc. Tout autre moyen de viser devenant pour le soldat un calcul, si rapide et si simple qu'il puisse être, sera toujours pour lui une gêne.

C'est la seule distance à laquelle nous voudrions voir exercer nos hommes ; en les accoutumant à tirer à d'autres distances, il y a lieu de craindre que ce ne soit au détriment de l'habitude, que nous voudrions unique, de tirer au but en blanc.

Nous ne reviendrons pas sur la justesse de l'arme prussienne si bien constatée et appréciée par M. Cador : elle est illusoire ; les faits sont là, au surplus, pour le démontrer péremptoirement. En tout cas, elle n'est pas supérieure, au contraire, à celle du fusil rayé à baguette ; il n'y a donc pas progrès.

La justesse du fusil français paraît devoir être supérieure à celle de tous ses devanciers ; plusieurs éléments de sa construction y prêtent leur concours.

La force supérieure avec laquelle la balle se trouve projetée, permet d'avoir une trajectoire dont la flèche est considérablement diminuée ; cela augmente la zone dangereuse.

Remarquons cependant que la nouvelle cartouche offre une cause de non-justesse qu'on pouvait éviter avec l'ancienne : lorsque la poudre se trouvera réduite en pulvérin, soit même en petite proportion ; — lorsque la charge aura besoin d'être modifiée, augmentée ou diminuée, en raison soit de l'état hygrométrique de l'atmosphère, soit de la force ou de la direction du vent, soit de la distance du but, le tireur ne pourra pas augmenter ou diminuer la quantité de la poudre qui restera toujours la même pour toutes les occasions. — La charge du fusil devient toute machinale et échappe complètement à l'influence de l'homme.

En reconnaissant à notre nouvelle arme de la justesse,

nous nous demandons si cette justesse ne sera pas sacri-
fiée à la précipitation du tir.

IV. — L'accélération des feux est-elle la plus grande
perfection à laquelle doive atteindre l'art militaire ? —
Est-ce, seulement, un progrès absolu ?

Le fusil à aiguille, par ses effets réels, physiques,
tangibles, n'est pas un progrès très-considérable.

Mais si on le considère comme un moyen propre à
inspirer à une armée de la confiance, du moment qu'il
doit donner à nos soldats le *moral* sans lequel non-seulement il n'y a pas de succès possibles, mais même sans
lequel il est hasardeux d'entreprendre une grande lutte, —
nous sommes des premiers à en louer le plus hautement
l'adoption en France.

Le *moral*, en effet, on semble l'avoir trop oublié au
milieu de l'engouement de ces derniers temps, est la
base de toutes les victoires.

« A la guerre, l'homme est le principal ; les autres
« éléments sont des auxiliaires plus ou moins impor-
« tants, l'homme seul est essentiel. » (Carrion Nisas, *Histoire de l'art militaire*, xxxvi).

C'est donc l'homme qu'il faut posséder avant tout ;
c'est lui qu'il faut préparer, perfectionner en portant au
plus haut degré ses facultés physiques et morales.

« La force matérielle et mécanique qui, au premier
« coup-d'œil, paraît si importante et si variée, a réelle-
« ment des limites très étroites, tandis que l'influence
« morale, qu'on serait tenté de croire passagère et fort
« circonscrite, est constante et sans bornes. (*Ibid.*)

« La partie morale à la guerre est celle dont l'étude
« trompe le moins. » (Carrion, I, 139.)

Les sentiments, les passions de l'homme sont toujours
et partout les mêmes ; on peut toujours y faire le même
fonds ; tandis que les choses matérielles, mouvements ou
engins, varient à chaque année.

Ce n'est donc que d'une façon médiate que le fusil se

chargeant par la culasse peut rendre de très grands services à une armée.

Mais alors il paraîtrait juste que l'adoption de cette arme ne fût pas faite au préjudice des autres moyens de défense que possède un Etat.

Pour rendre plus claire notre pensée et la restreindre au sujet qui nous préoccupe, disons qu'il serait regrettable et qu'il pourrait devenir ruineux de traiter à cette occasion la Cavalerie comme si , désormais, elle devait rester sans utilité, comme si elle avait tout à craindre du fusil nouveau.

La discussion sur la multiplicité des feux ne date pas d'aujourd'hui et voici un morceau d'art militaire sur ce sujet, à bon nombre de parties duquel on ne donnerait certainement pas près d'un siècle d'existence :

« Ces bataillons prussiens dont on a cru et dont quel-
« ques gens croient peut-être encore le feu si redoutable,
« sont ceux dont le feu est le moins meurtrier. Leur pre-
« mière décharge a de la portée et de l'effet parce que
« ce premier coup, chargé hors du combat, l'est avec
« exactitude; mais ensuite et dans le tumulte de l'ac-
« tion, ils chargent à la hâte et sans bourrer. On leur a
« dit que la plus grande perfection des armes à feu était
« de tirer le plus grand nombre possible de coups par
« minute; en conséquence, ils n'ajustent point. Une ma-
« nière de mouvement machinal et comme de ressort,
« place leur arme contre l'épaule ; au lieu de soutenir le
« fusil dans la direction horizontale, ce qui exigerait
« qu'il portât avec force sur la main gauche, à peu près
« comme les anciens mousquetons trouvaient leur appui
« sur la fourchette, ils trouvent plus commode de ne
« pas se fatiguer et laissent tomber le fusil extrêmement
« bas ; ainsi le coup part sans que l'œil l'ait dirigé et la
« balle va mourir dans la poussière au quart de sa
« portée.
« Toutes les troupes de l'Europe cependant, séduites
« par la beauté des exercices à feu prussiens, par la cé-
« lérité de leur chargement, par l'ensemble et la corres-
« pondance de leurs décharges, ont cherché à les imiter.

« Nos régiments allemands, dont la politique est d'in-
« troduire chez nous les pratiques étrangères et de les
« abandonner aussitôt que nous les avons adoptées, pour
« se donner le mérite de quelque autre invention nou-
« velle, y ont introduit la manie de ces exercices à feu,
« et bientôt il n'a été question, dans nos écoles, que de
« la vitesse du chargement. On s'occupe de cette célé-
« rité aux dépens de la manière d'ajuster ; on n'a au-
« cune idée de la véritable théorie du tir. On donne
« pour principes des lieux communs vides de sens et de
« réflexion. — *Tirez vite*, dit-on aux soldats ; comme si
« le bruit tuait..... etc.

« Si l'on tirait mieux, les combats n'en seraient pas
« plus sanglants ; on tirerait moins longtemps, on serait
« plus impatient d'arriver à l'arme blanche, seul genre
« de combat favorable au courage et à l'adresse. »
(DE GUIBERT, *Essai général de tactique*, I, 44.)

Gustave et, avant lui, Maurice de Nassau, comme ont
fait depuis les Turenne, les Condé, les Luxembourg,
voulaient qu'on en vînt promptement aux mains et
à l'arme blanche.

Le maréchal de Saxe ne laisse échapper aucune occasion de s'élever contre ce qu'il appelle *la tirerie* ; il re-
grette la baïonnette à manche de bois parce que, « s'en-
fonçant dans le canon, elle empêchait de tirer. »

Voici un auteur, un militaire qui écrivait dix ans
après les dernières guerres de l'Empire et qui émet les
mêmes idées :

« On se piquait (avant la Révolution) de tirer un
« grand nombre de coups par minute, ce qui méritait
« de grands éloges aux régiments et de l'avancement à
« ceux qui leur avaient enseigné cette merveilleuse
« prestesse plus digne d'un escamoteur que d'un soldat :
« ce ne sont pas les coups qui font du bruit qui incom-
« modent l'ennemi, mais ceux qui sont tirés avec un
« calme et une justesse diamétralement opposés à cette
« folle précipitation. » (CARRION NISAS, I, 363.)

Enfin, voici une autorité que ne récusera aucun militaire et qui est toute de nos jours :

« Et d'abord nous proscrivons d'une manière absolue

« ces feux multipliés et à grande distance auxquels les
« troupes sont toujours trop disposées à se laisser aller.
« C'est un sujet sur lequel vous ne saurez trop insister
« dans vos instructions de chaque jour. Il faut en
« faire un point d'honneur à nos soldats, leur rappeler
« que tirer de loin et beaucoup constitue le symptôme
« auquel on reconnaît de mauvaises troupes. » (*Instruction du maréchal* SAINT-ARNAUD *aux généraux, avant la bataille de l'Alma.*)

De tout temps on a donc cherché à diminuer la quantité de feux. Des officiers qui ont fait longtemps la guerre en Algérie nous affirment que leur plus grande préoccupation dans les engagements, était toujours d'empêcher les soldats de tirer.

D'ailleurs le courage bouillant de notre nation, la *furia francese*, tendra toujours à en venir promptement aux mains ; « la baïonnette sera toujours, comme autrefois, l'arme terrible de l'Infanterie française. »

C'est d'après ces idées que se sont comportés les Prussiens dans leur dernière campagne, bien qu'ils eussent entre les mains une arme à feux multipliés. L'Infanterie prussienne avait à peine commencé à tirer, près de l'incendie qu'avait allumé l'Artillerie au village de Benatek, qu'elle s'est mise à manœuvrer ; et c'est par un mouvement tournant qu'elle a eu raison des Autrichiens ; plusieurs autres fois, dans cette même journée de Sadowa, sur d'autres points, c'est par des charges à la baïonnette qu'elle a eu des succès.

Essayons de démontrer combien la précipitation nuira à la justesse, c'est-à-dire à l'effet utile du tir.

On paraît s'être arrêté à faire tirer, avec le fusil français, six coups par minute, ce qui fait dix secondes pour chaque coup (*Instruction sur les combats*, page 6).

Il faut remarquer que, pendant ces dix secondes, le tireur est obligé aux actions ci-après :

1° — Ouvrir son arme pour y placer la charge ;

2° — Prendre la charge dans la giberne, la giberne est couverte sinon fermée ;

3° — Disposer la charge entre ses doigts de manière à pouvoir l'introduire convenablement dans la culasse, la centrer;

4° — Placer la charge;

5° — Refermer l'arme;

6° — Saisir l'arme des deux mains et l'élever à hauteur de l'épaule;

7° — Viser..... (L'instruction du 20 septembre 1867 prescrit de viser pendant *trois* secondes.)

8° — Tirer;

9° — Enfin ramener son arme à la position du premier temps de la charge.

Tout cela est possible, évidemment puisque cela se fait; mais combien on sent que le moindre dérangement, le plus petit accrochement des accessoires, suffira pour rompre cette rapidité étonnante dans le tir.

Pour abattre l'ennemi, le coup de feu doit avoir de la précision; c'est une condition primordiale et tellement indispensable que cela paraît être l'énoncé d'une vérité naïve, puérile. Avec une telle et — « si folle précipitation » — obtiendra-t-on quelque justesse dans le tir?

Nul n'y croit et chacun, au contraire, se trouve tout naturellement entraîné à penser que le tireur, non-seulement ne prendra pas le temps de bien viser, ce qui, à la rigueur, peut se faire en un temps très-rapide; mais que sa plus grande, son unique préoccupation étant d'aller vite, il ne cherchera même pas à placer son canon dans la direction réelle des groupes; il tirera trop haut probablement, et le plus grand nombre de ses balles arriveront mortes ou n'arriveront pas.

Si donc nous n'obtenons pas sur le fusil rayé, qu'il faut traiter actuellement déjà *d'ancien fusil*, si nous n'obtenons pas un perfectionnement dans la précision, malgré la bonne confection de l'arme, si même cette précision se trouve diminuée, peut-on dire que l'adoption de cette arme soit un progrès réel, utile?

On tirera plus, probablement, mais on tirera moins juste; cela fera-t-il compensation?

Faire fonds sur le grand nombre de feux, dans ces conditions, ce serait un peu compter comme le marchand qui vend chaque objet en y perdant un peu, mais qui espère regagner sur la quantité.

« L'essentiel n'est pas de tirer beaucoup, mais de tirer « bien. » (*Instruction sur les combats,* page 24.)

Gagnons-nous quelque chose dans la portée ? — Si la confection de l'arme nous donne à répondre affirmativement, tout aussitôt, d'autres considérations viennent dire non.

Les Prussiens n'ont pas tiré à plus de cent mètres ; ils ont donc volontairement diminué ou rendu inutile la portée de leurs fusils. A ce compte, nous aurions perdu, comparativement au fusil rayé avec lequel nos fantassins commençaient le feu à 200 et même 400 mètres et dont le but en blanc était à 150 mètres.

Faut-il approuver cette manière d'opérer des Prussiens, de leurs officiers surtout ?

Oui, ce nous semble, pour plusieurs raisons :

1° Le tireur disposera toujours, pendant le parcours de 100 mètres, d'un assez grand nombre de coups pour arrêter l'assaillant ;

2° Il ménagera ainsi pour le moment le plus opportun les quelques dernières cartouches qui lui resteraient après une action prolongée ;

3° On évitera ainsi une consommation de munitions qu'on peut croire inutile à une plus longue distance.

4° L'arme n'aura pas eu le temps de s'échauffer, au point de gêner, d'empêcher le tir.

Malgré ce qui est arrivé aux Prussiens dans la guerre d'Allemagne, il y a lieu de craindre que les troupes qui se trouveront armées du fusil à feux précipités, chez nous autres Français surtout, feront une énorme consommation de cartouches.

« Le soldat, en vue de l'ennemi, se laisse facilement « entraîner à ouvrir le feu, et le feu commencé ne s'ar-« rête que difficilement ; abandonné à lui-même, un « homme dans le rang ou en tirailleur peut, en quel-« ques minutes, brûler toutes ses cartouches sans autre « résultat qu'une consommation inutile de munitions

« qu'il n'est pas toujours possible de renouveler pendant
« l'action. » (*Instruction sur les combats*, page 24.)

Notre cartouche est plus petite que l'ancienne ; mais
la différence de poids est loin d'être en rapport avec
l'immense différence de consommation. Il faudra donc
avoir des approvisionnements bien plus considérables
que par le passé.

Nous ne nous appesantirons pas davantage sur cet inconvénient qu'amène l'usage du nouveau fusil, pas plus
d'ailleurs que sur le crachement, sur l'encrassement, sur
l'échauffement et la prompte détérioration de l'arme ; la
connaissance de toutes ces causes d'imperfection étant
maintenant vulgaire.

Bases des calculs.

En traitant des armes rayées ou à aiguille en face de la Cavalerie, il est nécessaire d'admettre comme bases les chiffres suivants que nous tenterons de démontrer comme vrais, sur les questions ci-après :

1° — Quelle est la vitesse de la Cavalerie ?

2° — Combien peut-il être tiré de coups de feu par minute par l'Artillerie, — ou par l'Infanterie armée soit de fusils rayés, soit de carabines, soit de fusils Chassepot ?

3° — Quelle est la portée de ces diverses armes ?

Vitesse de la Cavalerie.

Cette question de la vitesse devient pour notre arme une des plus importantes et à laquelle les officiers de Cavalerie doivent apporter la plus sérieuse attention. C'est à cela que nous, Cavaliers, nous devons mettre notre point d'honneur.

Nous ne nous occuperons pas, en ce moment, de ce qui pourra être obtenu en fait de vitesse à la suite d'expériences qui ont été trop rares jusqu'à présent dans notre arme, trop isolées, trop éparses, trop diverses dans leur but, — et que nous demandons ardemment, nombreuses, sérieusement suivies et dirigées toutes vers un résultat commun.

Nous ne prendrons appui que sur ce qui existe actuellement.

Nous ne prendrons pas les chiffres de notre ordonnance de 1829 sur l'exercice et les évolutions qui dit, au n° 612 de l'école de l'escadron, que la vitesse du galop est de 300 mètres par minute. L'ordonnance ne devait exiger qu'une allure très modérée parce qu'il s'agit de l'instruction des jeunes soldats et que d'ailleurs, à cette époque, il était peut-être raisonnable de ne pas *ordon-*

nancer une rapidité plus grande, eu égard à l'espèce des chevaux dont on disposait, à leurs moyens.

L'Artillerie le jugeait bien ainsi, dès ce moment, car, dans l'*Aide-mémoire* de 1836, page 291, elle met son personnel en garde contre une vitesse de la Cavalerie de 400 mètres par minute; et elle l'y met encore aujourd'hui (*Cours spécial à l'usage des pelotons d'instruction,* page 58).

Jacquinot de Presle portait, dès 1829, la vitesse du galop à 450 mètres par minute (*Cours d'art militaire*).

Le général Jomini porte à 450 mètres la vitesse du galop de la Cavalerie; à 750 mètres en carrière.

Nous ne voulons donc pas incriminer notre ordonnance à ce sujet ou seulement amoindrir les excellents principes qu'elle contient; nous voulons faire remarquer quelle réserve elle a dû observer lorsqu'il s'agissait de réglementer une allure applicable à l'instruction; nous voulons faire comparer cette réserve avec les efforts puissants et continus que la Cavalerie est appelée à fournir sur le champ de bataille.

Là, en effet, à un moment donné, on peut exiger de notre arme la somme la plus grande de ce qu'elle peut faire; il faut donc voir quelle est la mesure de cette somme de force.

Donnons d'abord, comme terme de comparaison, les vitesses les plus remarquables qui aient été obtenues avec le cheval. Nous ne nous emparerons pas absolument de ces chiffres pour les conséquences que nous avons à faire ressortir, mais cela montrera à quel point peut être élevée la puissance de cette admirable machine organisée qu'on appelle *le cheval.*

La plupart des renseignements que nous donnons ici s'appliquent à des distances parcourues assez longues, de 3 à 6 kilomètres et plus; dans le cas contraire c'est indiqué.

Nous prenons d'abord les vitesses *au trot.*

Les courses au trot sont les épreuves du cheval à sang mêlé aux divers degrés, c'est-à-dire du cheval qu'on trouve habituellement dans nos rangs; les résultats obtenus doivent se rapprocher de ce qui peut être demandé à la Cavalerie.

Le général Oudinot, alors qu'il commandait l'École de Saumur, fit une course de 28 kilomètres au trot, en 63 minutes; il avait parié faire cette course en une heure; cela donne néanmoins une vitesse de . . . .
(EPHREM HOUËL, *Histoire du Cheval chez tous les peuples de la terre*, page 328.)

Une jument, *Phenomena*, en 1800, fit 17 milles en 56 minutes (le mille anglais vaut 1609 mètres) . . . . . .

Le même auteur cite une course de 10 milles en 32 minutes et 10 secondes, qui eut lieu en novembre 1840 . . . . .

M. Vallon cite une *Phenomena* qui fit 19 milles au trot en moins de 53 minut. sous un groom du poids de 34 kil. (*Cours d'Hippologie*, I, 314) . . . .

Une jument arabe trottait à raison de 20 milles à l'heure (E. HOUËL, *Traité des Courses au trot*, page 78) . . . . .

Le même rapporte que les plus grandes vitesses étaient autrefois en Angleterre d'un mille en trois minutes moins quelques secondes et 16 mil. par heure.

Un cheval hongre en Amérique, 1841, — *Dutchman*, 1842, parcouraient un mille en 2 minutes 35 secondes.

En 1842, *Ripton*, hongre, parcourt attelé 2 milles au trot dans l'espace de 5 minutes 7 secondes. . . . .

En 1842, *Volcano* franchit 1 mille en 2 minutes 34 secondes . . . .

D'après John Laurence, cité par Percival, la vitesse d'*Archer* au grand trot était de 25 milles à l'heure (VALLON, I, 314)

Ces jours derniers, mai 1867, *Bédouin*, trotteur russe, faisait 3 kilomètres au trot dont le dernier en 1 minute 35 sec.

| VITESSE PAR | | SOIT |
| minut | heure | pour faire un kilomètre |
mét.	kilom.	min. sec.
444	26 460	2 15
488	29 328	2 2
501	30 060	1 59
516	30 960	1 56
536	32 160	1 52
545	32 727	1 50
621	37 260	1 36 1/2
629	37 640	1 35 1/3
633	37 980	1 34
660	39 603	1 31
631	37 860	1 35

M. Ephrem Houël donne le trot comme pouvant fournir le kilomètre à l'heure en 2 minutes ou 2 min. 1/2.

Une *bonne vitesse*, dit-il, est de 1 kilomètre en une minute et 55 secondes (page 107).

Abordons quelques-unes des grandes vitesses obtenues dans les courses au galop. Nous devons faire observer que les chevaux qui ont offert tant de rapidité étaient des chevaux de pur sang ayant subi un entraînement très suivi et équipés en vue de cette extrême vélocité.

	VITESSE PAR		SOIT pour faire un kilomètre
	minut. (metr.)	heure (kilom.)	min. sec.
En 1823, la plus grande vitesse observée dans les courses pour les *grands prix*, sur l'hippodrome du Champ de Mars qui avait 4000 mètres, a été de	750	45 »	1 20
Un cheval anglais portant un poids de 58 kilog. a parcouru 4954 mètres en 6 minutes 25 secondes, soit	771	46 260	1 18
En 1830, la plus grande vitesse sur les champs de course a été de	789	47 340	1 16
Un cheval de 4 ans, portant un poids de 69 kilog., a parcouru 3522 mètres en 4 minutes 21 secondes	809	48 540	1 14
En 1835, la plus grande vitesse est de	811	48 660	1 13 3/4
Ali-Baba, cité par M. de Montendre, parcourait	813	48 780	1 13 1/2
Frétillon, cité par M. de Montendre, parcourait	819	49 140	1 13
Félix et *Franck*, cités par M. de Montendre, parcouraient	827	49 620	1 12 1/2
En 1840, les grandes vitesses d'hippodrome vont à	839	50 340	1 11 1/2
Un cheval de 4 ans, en Angleterre, portant un poids de 42 kilog. 1/2, a parcouru 3621 mètres en 4 minutes et 16 secondes, c'est-à-dire	848	50 880	1 10 3/4
En 1855, la plus grande vitesse, dans les courses, est de	848	50 880	1 10 3/4
En 1847, elle est de	854	51 240	1 10 1/4
En 1850	858	51 480	1 9 3/4
En 1853	863	51 780	1 9 1/2
D'après M. E. Houël, *Childers*, fils de *Darley-Arabian*, pouvait parcourir 6436 mètres à raison de 910 mètres par minute	910	54 600	1 6
Voici une autre vitesse qui, quoique moins rapide, n'en est pas moins très extraordinaire : *Black-Bess*, jument d'un célèbre brigand anglais appelé Turpin, courut, poursuivie, de Londres à York en onze heures ; il y a 328 kilomètres ou 82 lieues (*Histoire du cheval chez tous les peuples de la terre*, II, 255)	496	29 818	2 1

Par le tableau de ces grandes vitesses, nous n'avons en vue que de préparer l'esprit à admettre comme *possibles* des choses *vraies*, mais qui paraissent surprenantes, parce que soi-même on ne les a pas recherchées, soupçonnées peut-être.

Il est bien réel qu'on ne se rend généralement pas assez compte de tout ce qu'on peut obtenir d'un cheval bien mené. Cette vérité n'est pas d'aujourd'hui :

« L'expédition de Napoléon en Egypte a donné sur la
« Cavalerie des idées plus saines que les troupes à che-
« val de l'Europe n'en pouvaient suggérer ; on s'y est
« convaincu de tout ce qu'un cheval dressé avec soin
« et sans vains ménagements, peut parvenir à faire et à
« porter. » (CARRION NISAS, II, — 433.)

Nos chevaux ont beaucoup gagné, depuis trente ans, en espèce, en soins, en hygiène, en nourriture même et en dressage. Nous pouvons donc leur demander plus qu'autrefois ; plus tard, on leur demandera plus encore. Nous reviendrons sur ce sujet.

Concluons :

La Cavalerie peut faire aujourd'hui au moins 600 mètres par minute pendant le temps nécessaire pour parcourir la plus longue portée des armes à feu actuelles, fusils ou canons.

Nous en donnerons comme preuves, à ceux qui n'en seraient pas assurés, les expériences malheureusement isolées qu'en ont faites un grand nombre d'officiers de Cavalerie ; nous les renverrons à un résultat proclamé officiellement à la suite d'une expérience de nos jours : — une commission d'officiers-généraux de Cavalerie a constaté que des chevaux bien entraînés, ont parcouru au galop 3,500 mètres en cinq minutes et fourni, immédiatement après, une charge d'un kilomètre.

Nombre des coups de feu.

Pour que le tir ait des chances d'efficacité, le fantassin armé de l'ancien fusil rayé ou de la carabine des Chasseurs à pied, ne peut tirer plus d'un coup par minute.

Bardin, au mot *feu d'Infanterie*, dit avec raison que tirer vite, c'est vouloir tirer mal. Une minute par coup, pour ces armes, paraîtra indispensable si l'on songe que, pour assurer la justesse du tir, il faut que l'arme soit chargée avec soin et que le tireur prenne le temps de bien viser (Léon Marès, page 49) ; indispensable surtout pour les troupes armées de carabines de précision.

Léon Marès, page 52, donne des expériences où 120 balles ont été tirées par 60 hommes en deux minutes ; dans une autre, 150 balles ont été tirées par 60 hommes en trois minutes. Cela fait, dans le premier cas, une balle par minute, et dans le second, cinq balles en six minutes.

A plus forte raison faudra-t-il aussi une minute pour tirer un coup de canon.

Dans des expériences relatées au *Cours spécial*, page 70, exécutées le 1er février 1859, on porte 45 et 30 coups seulement tirés par heure, c'est-à-dire un coup par chaque minute et demie pour le canon rayé de 4, et par deux minutes pour le canon rayé de 12 ; avec le canon lisse de 24, on a mis quatre minutes par coup.

L'*Aide-mémoire*, page 310, dit formellement que la moyenne du tir est d'un coup par minute.

Le colonel Bonneau, page 11, dit aussi *à peine* un coup dans une minute.

Nous prenons donc comme base un coup par minute pour les anciennes armes rayées.

La vitesse du tir du fusil se chargeant par la culasse est tout naturellement bien plus considérable ; car la baguette étant supprimée et l'amorce se trouvant réunie à la cartouche, une grande partie des *temps* de l'ancienne charge disparaît.

L'expérience du tir *à la guerre* n'a pas encore permis de bien juger quel nombre de coups peut être tiré par minute ; sur les polygones, dans les tirs d'exercice, où les conditions d'aisance et de sécurité ne sont pas comparables à celles du champ de bataille, notre Infanterie tire actuellement six coups par minute ; mais, nous le répétons , ceci ne peut être pris d'une manière absolue comme base : on pourrait alors tout aussi bien prendre le chiffre de 15 coups, car ce nombre a été atteint à Saint-Thomas d'Aquin en présence d'un des premiers dignitaires de l'armée ; il est vrai de dire que les cartouches étaient faciles à prendre.

Pour montrer cependant la plus entière bonne foi de discussion, tenant comme possible, comme vraie la réunion de toutes les circonstances favorables qui permettent d'atteindre à la plus grande vitesse de tir, nous admettrons pour un moment ce chiffre de *six coups* et nous verrons ce que la Cavalerie doit craindre d'une semblable mitraillade.

Longueur de la portée.

La *portée extrême* des canons rayés est de trois à quatre mille mètres, celle des carabines rayées des Chasseurs à pied est de 1100 à 1200 mètres ; celle du fusil rayé qu'avait notre Infanterie était de 600 à 800 mètres ; on dit celle du fusil nouveau modèle de 1000 mètres.

Les écrivains spéciaux qui se sont occupés de ce sujet parlent bien, il est vrai, de portées plus longues ; mais nos troupes, comme celles des autres nations, ne sont instruites à tirer qu'aux portées énoncées ci-dessus et ne le seront probablement jamais qu'à celles-là ; ce sont les seules dont il faille se préoccuper parce que ce seront les seules auxquelles nous devions avoir à résister sur le champ de bataille. Toutes les autres peuvent être fort remarquables et fort curieuses comme résultats d'expériences, mais ne sont pas du domaine des choses appliquées.

Voilà, nous l'avons dit, les portées extrêmes.

La *portée de plein effet*, celle où les projectiles doivent être le plus redoutables et pour laquelle les troupes sont surtout instruites, est ainsi réglée :

Pour le canon rayé de 4, pièce de campagne à laquelle la Cavalerie sera plus ordinairement exposée, l'obus ordinaire éclate à 1500 et 3000 mètres ; — l'obus à balles éclate à 800, 1000 et 1200 mètres ; — la boite à mitraille se tire ordinairement à 400 mètres. (*Cours spécial*, page 39, — *Aide mémoire*, page 310.)

Pour la carabine des Chasseurs, la hausse donne des lignes de mire depuis 150 jusqu'à 1100 mètres et l'instruction en France est prescrite pour toutes ces distances ; cependant, les officiers de tir ne sont exercés que pour la distance la plus éloignée de 600 mètres. (*Cours de tir*, page 155.)

Pour le fusil rayé de l'Infanterie, la portée avait été d'abord fixée à 200 mètres (*Cours de tir*, page 100) ; mais une circulaire ministérielle du mois de février 1866 fait connaître que la pratique a fait fixer le but en blanc de ce fusil à 150 mètres ; cela ne démontre-t-il pas avec combien peu de solidité les principes du tir sont établis ? Au moyen de la hausse artificielle formée par le placement du pouce, le tireur obtenait des portées de 400 et 600 mètres : il est aisé de comprendre combien ces deux dernières portées devaient avoir d'incertitude.

La portée de but en blanc de l'ancien fusil de munition était à 100 mètres ; mais on s'en servait encore avec assez de résultats jusqu'à 300 et 400 mètres (Léon Marès, pages 30 et 16) ; nous prenons comme moyenne de bonne portée la distance de 200 mètres attribuée à ce fusil (Bonneau, page 3—Vial, *Cours d'art militaire*, I, 173.)

La portée du fusil modèle 1866 est de 1000 mètres. Cette portée considérable n'est peut-être pas irrévocablement fixée ; — comme pour le fusil rayé, la pratique y apportera sans doute quelque modification ; il faut néanmoins l'accepter actuellement comme vraie.

Toutes les probabilités, tous les calculs avancés dans cette question sont établis sur les effets réels et absolus des nouvelles armes, ces effets étant dégagés, surtout pour l'Artillerie, des qualités du soldat.

Tir de l'Infanterie

La portée extrême de la carabine est à environ 1200 mètres ; celle du fusil à aiguille perfectionné peut être évaluée à environ 1000 mètres ; — c'est à partir de ces distances qu'une troupe pourra, avec quelque espoir de succès, ouvrir son feu ; plus loin, c'est évident, le tir serait sans efficacité.

Quelques tireurs d'élite, sans doute, avec une arme choisie et habituelle, pleins de sang froid et d'adresse, entourés de bonnes conditions de terrain, de vue, auront quelque chance de toucher un *but fixe* à 1200 et 1400 mètres peut-être ; mais il ne faudrait pas juger de la masse de ceux qui tirent, par ces belles exceptions. On cite des exemples d'excellents tireurs, on signale les réussites à ces longues distances ; cela doit prouver que la généralité des tireurs, que la plupart des coups n'atteignent pas cette perfection.

Si parfaite que soit une arme, encore faut-il des tireurs capables de soigner et d'utiliser cette arme ; or, il y a encore partout, beaucoup à faire à l'égard de cette instruction (Léon Marès, 34).

D'ailleurs, la Cavalerie qui se verra, à 1200 mètres, subir des pertes de la part d'une troupe d'Infanterie, aura toute sécurité, il faut en convenir, pour changer sa position, faire des mouvements qui la mettent à couvert de ces balles lointaines.

Ce qui précède pouvait être dit pour les distances de 600 et 400 mètres du fusil rayé ; c'est-à-dire que la Cavalerie ne doit pas en concevoir une grande inquiétude.

Les distances auxquelles le feu de l'Infanterie doit devenir réellement meurtrier pour la Cavalerie, sont au-dessous de 1000 mètres pour la carabine et le fusil à aiguille, — au-dessous de 400 mètres pour le fusil rayé.

Les ravages qu'éprouvera la Cavalerie en traversant ces distances, doivent suffir à l'anéantir.

La question actuelle, comparée à l'ancien système de

feux, se résout donc en un allongement de la zône dangereuse.

Puisque les chances de destruction sont reportées aujourd'hui de 200 mètres à 400 et 1000, c'est une question de temps pendant lequel on subit des pertes ; la zône dangereuse se trouve étendue d'environ 800 mètres quand nous nous trouverons en face de la carabine ou du fusil à aiguille ; — de 260 mètres en face du fusil rayé.

Cela revient à dire que nous resterons 80 secondes dans le premier cas, 20 secondes dans le deuxième, de plus qu'autrefois, à l'allure du galop, exposés au feu.

Ou bien encore, et nous exagérons contre nous, que nous aurons à subir à peine deux coups de feu en plus de la part de la carabine ; — un, à grand'peine, de la part du fusil rayé.

Alors que nous n'avions à nous occuper que des armes rayées, avant l'apparition du fusil à aiguille, nous nous étions posé la question : — Cette augmentation de danger est-elle très sérieusement grave ?

Laissons subsister aujourd'hui encore la réponse que nous faisions à cette question : tous les fusils rayés ne sont pas rentrés dans le néant et d'ailleurs, plus d'un enseignement qui était applicable à l'ancienne arme peut s'appliquer à la nouvelle.

Faisons la somme des risques que nous courions avec l'ancien fusil de munition et de ceux que nous apporte en plus l'usage des armes rayées.

L'ancien fusilier après avoir tiré son coup de feu à 100 ou 150 mètres, avait à peine le temps, 10 ou 15 secondes, de recharger son arme avant d'être abordé par la Cavalerie ; le plus souvent, il l'attendait à une distance beaucoup plus rapprochée, 40 ou 50 mètres ; toujours est-il que l'Infanterie ne faisait ordinairement qu'une décharge et croisait la baïonnette.

Le fantassin ayant une carabine tirera un premier coup à 1000 mètres, le deuxième à 400 ou 500 mètres et peut-être un troisième à 40 ou 50 mètres ; à partir de là, alors il n'aurait plus le temps, quelques secondes, que de mal charger. Si c'est une bonne Infanterie, elle pré_ férera, comme on le recommandait en 1859 en Italie, conserver son troisième coup pour le moment où elle sera près d'être abordée. Ce sera donc faire contre nous la part large en supposant que nous aurons à faire à une troupe très-solide et très habile dont la Cavalerie doit craindre trois bons coups.

D'après les mêmes bases, le fusil rayé fera une décharge à 400 mètres, décharge peu assurée puisqu'elle sera faite avec le pouce du tireur pour servir de hausse ; et aura peut-être encore le temps de faire une seconde décharge, aussi à quelques mètres.

En résumé, la Cavalerie devait craindre trois coups au plus de la carabine, deux à peine du fusil rayé.

Aujourd'hui, en présence d'une arme à feux multipliés, ce danger, ces chiffres disparaissent et nous ne devons plus nous en occuper qu'à titre de renseignements comparatifs, sollicités que nous sommes par un danger nouveau qui paraît tout d'abord beaucoup plus redoutable.

Reconnaissons tout d'abord que si nous ne voulons pas voir énormément sérieuse cette augmentation de danger, il ne faut cependant pas nier cette aggravation, pas plus que le danger lui-même. Autant vaudrait méconnaître tout-à-fait le perfectionnement des armes et refuser les progrès de toute sorte dont chaque jour apporte le témoignage.

Ce qu'il faut détruire, c'est l'exagération qui paraît vouloir présenter les nouvelles armes comme propres à anéantir le rôle important de la Cavalerie dans les armées modernes.

Il faut voir bien en face le vrai péril, le péril le plus grand que puisse courir la Cavalerie devant le feu de l'Infanterie : le connaître mieux, c'est la meilleure voie pour le redouter moins.

L'Infanterie armée du fusil à aiguille tirera-t-elle tant que nous serons à de grandes distances, ou attendra-t-elle, comme l'ont fait les Prussiens, que nous soyons à 100 mètres ?

Si elle tire quand nous serons à 100 mètres, comme il ne nous faut que 10 secondes pour les franchir et qu'il lui faut à elle, dix secondes aussi par coup, nous n'aurions qu'un coup à essuyer. Ce serait moins que par le passé !...

Si, au contraire, confiant dans la portée et la précision de son fusil, le fantassin tire sur la Cavalerie lorsqu'elle sera encore à 1000 mètres, comme il faut aux chevaux 100 secondes pour franchir cet espace, il pourra être tiré sur eux 10 coups par chaque fusil.

Se rend-on bien compte qu'une Infanterie ayant eu, dans le cours d'une action, à combattre en tirailleurs d'abord, puis de loin contre l'Infanterie ennemie, puis contre tous les groupes assaillants en face desquels elle se sera trouvée; puis enfin contre cinq ou six charges successives opérées par la Cavalerie : — se rend-on bien compte que cette Infanterie se trouvera dans l'impossibilité la plus absolue, la plus évidente, d'être approvisionnée de cartouches ?

Il arrivera inévitablement l'une des deux choses ci-après :

Ou l'Infanterie tirera beaucoup et se trouvera sans défense contre un ennemi qui aura su attendre l'épuisement de ses munitions tout en le provoquant ;

Ou elle économisera ses cartouches pour l'occasion décisive, et elle restera inutile, se fera vaincre en détail même, en attendant cette occasion.

De telle sorte que, en toute circonstance, la meilleure manière pour l'Infanterie d'avoir des feux à sa disposition, ce sera de ne pas tirer.

Entre ces deux manières d'opérer également dangereuses pour l'Infanterie, prenons un terme moyen : supposons qu'elle a été prudente jusques-là dans l'usage de ses feux ; supposons qu'elle a des cartouches et qu'elle ne veut en user qu'à bon escient ; elle commencera son feu quand nous serons à quatre ou cinq cents mètres.

Il nous faut cinquante secondes pour arriver ; pendant ce temps nous essuierons cinq coups de feu.

Ce danger paraît grave : approfondissons-le.

Revenons à la question de la justesse du tir, question restée jusqu'alors une énorme difficulté ; voyons les livres classiques, les documents officiels dont les principes généraux s'appliquent à tous les temps, à toutes les armes :

Instruction du 28 novembre 1847, rectifiée le 19 mars 1860 sur le tir de la carabine des Chasseurs à pied, Titre V ; — *Instruction sur le tir du pistolet et du fusil de Cavalerie,* Titre VI.

« On peut avec la carabine, comme avec le fusil de
« Dragon et le pistolet et, en général, *avec toutes les*
« *armes à feu,* manquer le but pour des causes très-
« différentes :

« 1° — Parce que l'on ignore ou l'on omet d'appli-
« quer les principes du tir de l'arme que l'on a entre les
« mains et les moyens suivant lesquels cette arme doit
« être chargée, maintenue, dirigée et tirée.

« 2° — Parce que la balle peut éprouver et *éprouve*
« généralement des déviations à sa sortie du canon et
« pendant son trajet dans l'air.

« Les premières causes peuvent être considérable-
« ment atténuées par les soins que l'on doit donner à
« l'instruction théorique et pratique des tireurs.

« Les secondes tiennent à la nature de l'arme et aux
« influences extérieures qui agissent sur la balle. Le
« tireur le plus habile ne peut modifier en rien les effets
« de quelques-unes de ces causes.

« Les armes ne sont pas toujours d'une construction
« régulière et parfaite, comme on le suppose en théorie ;
« cette irrégularité est cependant très-rare et très peu
« notable dans les fusils sortant des manufactures d'armes.

« La justesse peut beaucoup varier d'une arme à une
« autre, principalement à cause des différences qui
« existent dans les calibres.

« L'encrassement produit par un tir prolongé (25
« coups) diminue la justesse et la portée de l'arme.

« Des cartouches mal confectionnées ou détériorées
« dans les transports donnent souvent de très grandes

« déviations par rapport à la trajectoire moyenne de
« l'arme

« La densité, l'état hygrométrique de l'atmosphère
« ont encore une influence très sensible sur l'énergie de
« la poudre et la portée des balles.

« Il est impossible de donner des règles précises à cet
« égard. Les officiers doivent apporter au pointage les
« modifications nécessaires.

« L'agitation de l'atmosphère exerce aussi une in-
« fluence sur la justesse du tir ; la balle peut être jetée
« à gauche ou à droite, soulevée ou abaissée, soulevée
« et jetée à droite ou à gauche, suivant que le vent
« vient de droite ou de gauche, d'arrière ou d'avant,
« d'arrière à gauche ou d'arrière à droite, etc. »

Il est à penser que toutes ces causes de perturbation ne
se présenteront pas en même temps, que quelques-unes
d'entre elles peuvent être amoindries ou détruites par une
bonne et solide instruction des tireurs ; mais la masse, le
plus grand nombre ?...

« Et encore, dit le *Cours de tir*, page 106, il peut ar-
« river, il arrive que toutes ces causes se trouvent ré-
« unies ; cela porte alors le groupement des balles à de
« grandes distances du point visé.

Les expériences du tir moderne ont été faites jusqu'à
ce jour sur des cibles pleines ; mais le résultat de ces
expériences ne doit pas être, à beaucoup près, le même
que celui d'un tir de guerre exécuté sur une troupe de
Cavalerie.

On pourrait croire tout d'abord qu'un front de Cavalerie, parce qu'il est plus étendu, présente plus de prise aux
projectiles qu'un front d'Infanterie. C'est cependant le
contraire qui est vrai. Le front d'Infanterie est plus serré
plus compacte ; il offre une proportion de parties pleines
plus considérable que celui de la Cavalerie : le feu, en
règle générale, sera donc moins concentré et aura moins
d'effets meurtriers sur nous que sur les troupes à pied.

Un escadron de dragons en bataille, cette arme prise
comme ayant une taille moyenne en hommes et en che-

vaux, a 37 mètres de front sur environ 2 m. 50 de hauteur (*Rapport de la Commission de l'Ordonnance de 1829*). Dans la charge, il est d'expérience que les chevaux prennent instinctivement de l'aisance entre eux ; les ailes s'écartent, les files s'ouvrent, ce qui augmente l'étendue du plan et la quantité des vides, les pleins restant les mêmes.

« Et de plus, dit Jacquinot de Presle, le cavalier, en
« se penchant, diminue encore la surface qu'il présente
« aux coups. » (*Art militaire*, page 216.)

D'un calcul simple à faire il résulte que, dans le front d'un escadron, il y a au moins autant de vides que de pleins, ce qui diminue de moitié le résultat des expériences faites sur des cibles pleines.

Nous allons au surplus tenter de démontrer, l'histoire à la main, combien, pour la recherche de la réalité, il faut faire peu de fondement sur les expériences des exercices de tir qui se font sur les polygones ; combien les résultats obtenus là, sont immensément éloignés de ceux qui se manifestent en fin de compte sur les champs de bataille et combien peu les uns font prévoir les autres.

Pour les anciennes armes, la proportion des coups portant sur un nombre donné de coups tirés, n'a pas été très clairement déterminée.

Après avoir énuméré tous les vices du tir en 1772, de Guibert s'écrie, dans l'*Essai général de tactique*, page 45 :

« Faut-il s'étonner si nos feux de mousqueterie sont
« si méprisables ; si, dans une bataille, il y a 500 mille
« coups de fusils tirés sans qu'il reste 2000 morts sur le
« terrain du combat ? »

Cela faisait 250 coups pour *un* portant.

Après les guerres de l'Empire, le général Gassendi en comptait 3000.

Le major Decker et le colonel Piobert artilleur, en comptaient *dix mille*.

Le général Bardin, au mot *tir*, dit que, sur un terrain de guerre, il n'est pas *un* coup sur cent qui porte.

Dans la campagne de Crimée, il a été consommé près de 90 millions de projectiles et l'on compte 175 mille tués ou blessés. — « Si nous déduisons de ce nombre

« les tués ou blessés par armes blanches, par explosions
« de mines, de magasins à poudre et par causes diver-
« ses, nous trouvons encore 1000 projectiles gros ou
« petits, en tenant compte de la mitraille et des éclats de
« bombes ou d'obus, par homme tué ou blessé. » (*Mé-*
« *moires de médecine militaire, juillet* 1865).

Afin de pouvoir argumenter librement, il faut prendre
une exagération contre soi, telle qu'aucun contradicteur
ne puisse trouver raison ; nous ne dirons donc pas avec
Decker et Piobert qu'il faut dix mille projectiles pour
mettre un homme hors de combat ; — avec Gassendi,
qu'il en faut trois mille ; — avec l'histoire de la guerre
de Crimée, qu'il en faut un mille ; — nous nous mettrons
loin de ces résultats positivement vrais cependant, nous
supposerons qu'il ne faut que vingt coups de feu pour
abattre un ennemi.

Ces bases étant établies, nous mettrons en présence
1,000 hommes d'Infanterie, soit un beau et rare bataillon, — et 200 hommes à cheval, c'est-à-dire deux très-
maigres escadrons. Cette proportion numérique est ra-
tionnelle puisque la France, l'Autriche et la plupart des
autres nations européennes ont environ, en Cavalerie,
le cinquième de leur Infanterie.

Chacune de ces deux armes, sur le point d'une rencontre, prendra la formation que lui indiquent les principes de sa tactique particulière : l'Infanterie se mettra en
carré ; la Cavalerie, en colonne, c'est-à-dire les deux
escadrons l'un derrière l'autre, à une distance d'au moins
60 mètres.

Prenons le cas le plus meurtrier où la Cavalerie s'a-
vance directement sur une des faces du carré ; elle aura
à subir, des 250 hommes qui forment ce côté 1,250
coups de fusil, cinq coups par homme, supposant que le
deuxième rang n'éprouve pas de gêne à tirer aussi vite
que le premier.

Si, par impossible, ces décharges mettaient hors de
combat 62 cavaliers, — 5 touches pour 100 tirés, — il
n'en arriverait pas moins du premier escadron 37 ou 38

hommes sur la troupe à pied et ces 37 ou 38 hommes montés suffiraient pour produire une brèche dans un front d'Infanterie, et y causer un énorme désordre dont l'escadron suivant n'aurait qu'à profiter.

Cela doit être considéré absolument comme possible, comme vrai.

Mais la réalité est bien autrement favorable à la Cavalerie : nous ne tenons pas compte de plusieurs conditions qui nous auraient été favorables ; nous prenons le parcours à faire à la simple allure du galop, tandis qu'il s'exécuterait en réalité au galop de charge, ce qui diminuerait le temps du parcours et, par suite, le nombre des coups de feu que nous aurions à essuyer, — les coups portants sont calculés ici sur l'ancien tir, moins précipité, mais plus juste.

Il n'est pas tenu compte du genre d'atteinte faite par chacun des 62 projectiles ; or, il y a deux chances contre une pour que le cheval soit atteint plutôt que l'homme puisqu'il offre, de face, deux fois plus de superficie ; le cheval étant blessé vivra, ceci est certain mille fois contre une, assez longtemps pour achever le mouvement en avant et venir jeter par sa masse, sa part de désordre dans la troupe assaillie. Dans le nombre des projectiles atteignant l'homme, on peut bien en compter la moitié qui ne l'empêcheraient pas de continuer la charge.

A ce compte, il n'y aurait qu'une dizaine d'hommes sur les 100 premiers qui ne pourraient arriver jusqu'au but.

1250 coups tirés, 5 par homme.

62 portant, 5 pour 100.

41 portant dans les chevaux, les chevaux continueraient.

21 dans les hommes.

10 ou 11 continueraient la charge.

10 ou 11 resteraient en chemin peut-être.

Doit-on croire, après cela, que la Cavalerie ne pourra plus paraître devant les fusils nouveaux sans se trouver d'un coup anéantie ?

Tir de l'Artillerie.

L'arme la plus redoutable pour la Cavalerie n'en est pas moins, par son feu, celle qui est armée de carabines ou de fusils à aiguille, l'Infanterie.

L'Artillerie est mobile bien moins qu'elle, et moins susceptible, par conséquent, de suivre, de son feu, les mouvements continuels de la Cavalerie ; entre le moment où un canon est pointé et celui où il est tiré, un cavalier et même une troupe de Cavalerie, peut s'échapper de la portée ; tandis qu'un fantassin peut mieux suivre, en visant, tous les mouvements du cheval et faire feu précisément au moment opportun.

L'Artillerie actuelle de campagne lance trois espèces de projectiles qu'elle emploie suivant la formation des troupes qu'elle veut atteindre et la distance où elles se trouvent : — Contre le front d'une colonne, contre une ligne prise d'écharpe, de flanc ou *de revers*, on tire à boulet, ou, pour dire plus exactement d'après le nouveau matériel on tire à *obus ordinaire* et à *obus à balles ;* — les *boîtes à mitraille* s'emploient contre le front d'une ligne et contre toute troupe qui se trouve à distance convenable.

Il est recommandé de ne tirer que lentement aux distances éloignées, ce qui montre peu de confiance dans l'efficacité de ce tir, et de n'accélérer le feu que suivant l'effet qu'il produit (*Cours spécial*, 58).

L'éclatement des obus ordinaires, chargés intérieurement de 200 grammes de poudre, est réglé par les évents de la fusée hexagonale de manière à avoir lieu à 1,500 et 3,000 mètres ; aux distances intermédiaires il n'est donné qu'un moyen très incomplet, très incertain de faire éclater le projectile, par l'usage de la fusée percutante.

Une troupe de Cavalerie, après avoir subi à 3,000 mètres une décharge d'obus éclatant, s'est avancée de 600 mètres pendant qu'on rechargeait les pièces : quel évent devra alors être ouvert par l'artificier, celui qui fait éclater à 3,000 mètres, ou celui qui fait éclater à 1,500 ?

Même inconvénient pour les obus à balles qui n'éclatent qu'aux distances de 800, 1000 et 1200 mètres précisément calculées ; à toutes les distances intermédiaires, les projectiles creux n'auront d'autre rôle à jouer que celui des boulets sphériques d'autrefois ; or, ces anciens boulets portaient à 1,000 mètres avec les canons de 4 et à 1,200 mètres avec les canons de 12 de campagne.

Notre zone dangereuse, avec le canon rayé, est donc augmentée de 1,800 ou 2,000 mètres ; c'est dire qu'au lieu de rester exposés au boulet pendant 1 minute 40 secondes ou 2 minutes, nous y serons désormais pendant cinq minutes.

Ce laps de temps paraîtrait énorme si l'on ne songeait au peu de ravages que doit occasionner un projectile à de telles distances. La précision, en effet, n'est rien moins qu'assurée ; le front d'une troupe de Cavalerie, avec son ordre mince, n'offre que peu de prise au boulet, et nous savons bien qu'il faut ramener à leur juste valeur les expressions hyperboliques de *longues files* ou de *files entières* enlevées d'un seul coup.

A moins cependant qu'on ne suppose la Cavalerie assez ingénue pour rester en ordre profond sous le feu du canon !

Pour parcourir les 3,000 mètres de la portée du canon de 4 actuel, la Cavalerie peut à la rigueur et dans de bonnes conditions de terrain, ne pas mettre plus de 4 ou 5 minutes ; mais nous ne prendrons pas actuellement pour base cette vitesse de notre arme, vitesse réellement possible cependant et que l'on s'accoutumera à considérer comme telle, nous en avons la profonde conviction.

Nous supposerons qu'il nous faille, en plus, la moitié de ce temps : mettons 7 minutes et demie.

Nous supposons que la Cavalerie, en vue de réserver toutes les forces de ses chevaux pour les derniers moments, s'embarque au trot et conserve cette allure pendant la moitié du trajet ; elle emploie pour cela 5 minutes environ, ce qui fait une vitesse de 300 mètres par minute ; elle ne court jusques-là d'autres risques que ceux de l'ancien boulet : peut-être même ces risques sont-il moindres à cause du manque de ricochet ! — Les 1,000 mètres suivant se feront au galop et emploieront 1 minute 40 secondes ; les 500 mètres derniers seront franchis au galop de charge en un espace de temps qui ne dépassera pas assurément 50 secondes.

Mais, dans ce dernier trajet, la Cavalerie aura à supporter le tir à mitraille, et c'est le genre de projectile qu'elle doit le plus redouter de la part du canon.

Remarquons d'abord que le tir à mitraille actuel est dans les mêmes conditions que l'ancien ; il n'y a là aucun changement important, aucun progrès marqué : au contraire.

L'ancien tir à balles avait lieu à 400 et 500 mètres ; parfois même à 650 et 750 sur un terrain solide et uni.

Le tir actuel comprend une *boîte à balles*, chargée de 41 balles en fer forgé, — ou un *obus* contenant 60 balles du pistolet de gendarmerie.

L'obus à balles éclatant à des distances fixes sur lesquelles la Cavalerie passe rapidement, ce genre de mitraille doit avoir moins d'effet puisqu'on n'est jamais assuré que la troupe à atteindre se trouve juste à la distance d'éclatement.

La boîte à mitraille donne à sa sortie du canon une dispersion de projectiles en forme de cône dont le diamètre est d'environ 20° et porte à peu près aux distances de l'ancien tir.

Il faut donc compter que la Cavalerie sera exposée à deux décharges de mitraille tout au plus.

Le plan offert en cible par le front d'un escadron étant de 37 mètres de largeur sur 2 m. 50 de hauteur, il faudrait voir combien de balles, d'un coup à mitraille, peuvent atteindre ce plan, combien peuvent porter dans les pleins, cheval, homme ou équipement ; combien sont meurtrières dans celles qui atteignent l'homme ou le cheval.

En supposant la dispersion régulière, ce qui est impossible à force d'être improbable, mais ce qui est cependant la seule manière d'établir un point de discussion, les balles affecteraient la forme d'une sorte de polygone, à base hexagonale, un peu allongé par les côtés, comme le veut l'expérience.

Si l'on prend un parallélogramme de dimensions proportionnelles à 37 m. de largeur sur 2 m. 50 de hauteur, on n'y pourra jamais faire entrer plus de sept balles sur 41.

Dans ce cas, les côtés du cône formé par les balles sont supposés atteindre jusqu'aux ailes de l'escadron. (*Voir la figure* II *à la fin du volume.*)

Si l'on suppose que le cône soit étendu sur un moindre front, un front de peloton par exemple, c'est-à-dire 9 m. 25 sur 2 m. 50, on aura d'autres dimensions où il ne peut pas entrer plus de treize balles. (*Voir la figure* III *à la fin du volume.*)

La concentration des balles sur un moindre front, dans ce dernier cas, viendrait évidemment de ce que ce front serait plus rapproché du sommet du cône, plus près de la bouche du canon ; par suite, il serait impossible à l'Artillerie de faire deux décharges avant d'être abordée.

Les canons anciens mettaient 11 projectiles et 9, 5 à 300 mètres dans un panneau de 20 mètres sur 2 ; — 6,6 et 5 à 500 mètres dans un panneau de 50 mètres sur 2. Les chiffres de notre supposition ne diffèrent donc pas beaucoup des chiffres d'expériences faites sur des cibles pleines.

En diminuant la moitié des projectiles portant dans les vides, en en diminuant un troisième quart pour ceux qui portent sur le cheval, dans les effets ou même sur l'homme, mais qui ne l'empêcheraient pas de continuer la charge, on trouve que, soit dans un escadron, soit dans un peloton, trois ou quatre balles au plus feraient un effet grave :

82 balles tirées en deux décharges

14 balles portant dans le plan d'escadron

7 porteront dans les vides, 7 dans les pleins.

4 ou 3 n'empêcheront pas de marcher

3 ou 4 feront effet.

Voilà comment le raisonnement apprend à ne pas redouter outre mesure la mitraille ; mais l'histoire vient à l'appui du raisonnement.

Citons d'abord un trait qui paraît nous être tout contraire :

« A Solférino, le général Desvaux s'étant aperçu
« qu'une vingtaine d'escadrons s'apprêtaient à charger le
« corps sous les ordres du maréchal Niel, donna l'ordre
« au capitaine Piot d'arrêter la marche de ce corps de
« Cavalerie. Cet officier fit tirer quatre boîtes de 40
« balles. Ce fut comme un coup de foudre sur cette
« masse de cavaliers. Ces *boulets* firent d'énormes vides
« dans les rangs, puis l'instant d'après, cavaliers et che-
« vaux se dispersent dans la plaine, le désastre est dans
« les escadrons *et* dans les rangs ; tout s'enfuit au galop
« pour ne plus reparaître. »

La réalité, toute terrible qu'elle soit, ne suffit pas à ceux qui veulent prouver quand même : en admettant que chacune des 160 balles tirées eût tué son homme, cela aurait diminué les vingt escadrons de 160 combattants, ces 2,000 cavaliers autrichiens n'auraient osé continuer leur mouvement agressif parce qu'ils n'étaient plus que 1,840.

Voyons des choses plus possibles:

Après Palestro, le roi Victor-Emmanuel écrivait au colonel du 3e Zouaves : « Se jeter sur l'ennemi à la baïon-
« nette, *s'emparer d'une batterie en bravant la mitraille*,
« a été pour vos soldats l'affaire de quelques instants. »

A Melegnano, la route est barrée par une forte barricade couverte d'Artillerie ; les boulets et la mitraille n'empêchent pas la division Bazaine de s'avancer et d'obliger les pièces autrichiennes à une retraite précipitée (Bazancourt, II, pages 58, 60, 66).

A Magenta, quatre pièces rayées étaient en batterie ; trois d'entre elles vomissent, à vingt pas, six coups à mitraille sur les Autrichiens qui les attaquent. Ces décharges foudroyantes n'empêchent pas les fantassins ennemis de s'emparer d'une de nos pièces et de mettre les autres en fuite. (*Voir le rapport du colonel Rochebouet.*)

Ces six coups à mitraille par des canons rayés, doivent être mis en parallèle avec les quatre coups du capitaine Piot.

Le 15 juillet 1866, une partie de la Cavalerie prussienne de la division Hartmann s'avançait hardiment pour soutenir une brigade d'Infanterie; elle rencontra une colonne d'Artillerie autrichienne, du 8ᵉ corps, qui s'était arrêtée sur la chaussée d'Olmutz à Tobitschau.

« Lorsqu'elle vit arriver la Cavalerie prussienne sur
« son flanc droit, l'Artillerie mit en batterie *vingt ca-*
« *nons*, sur une position parallèle à la chaussée. En
« face de cette masse imposante de canons, le 5ᵉ régi-
« ment de Cuirassiers, qui marchait en tête de la bri-
« gade de Cavalerie, osa risquer une attaque qui eut un
« succès éclatant : sur ses trois escadrons, on en envoya
« un à droite, vers un point qui pouvait cacher une
« embuscade ; les deux autres se lancèrent directement
« sur la ligne des canons. Ils essuyèrent à 8 ou 900 pas
« un feu violent d'obus et de mitraille ; mais un léger
« pli de terrain les protégea et ils ne perdirent que 12
« hommes et 8 chevaux ; un moment après, ils étaient
« au milieu des canons, renversant et massacrant tout
« ce qui se défendait encore. Cette brave troupe de Ca-
« valerie (le 2ᵉ escadron et un peloton du 4ᵉ escadron
« du 5ᵉ régiment de Cuirassiers) enleva en un clin d'œil 18
« canons, 7 caissons de munitions et 168 chevaux, et
« prit 170 artilleurs, dont 2 officiers. Les Autrichiens
« n'avaient pu sauver que deux canons ; un des canons
« enlevés avait ses roues brisées, on dut le laisser sur
« place ; mais les heureux vainqueurs purent ramener
« et mettre en lieu sûr 17 canons avec leurs attelages
« et leurs servants au complet. Il était temps d'en finir,
« car des détachements d'Infanterie et de Cavalerie ar-
« rivaient de toutes parts pour reprendre les batteries ;
« néanmoins les braves Cuirassiers refoulèrent encore
« ces nouveaux ennemis et firent prisonniers une partie
« de l'Infanterie. » (*Campagnes de la Prusse en* 1866
par le colonel Borbstaedt, page 184.)

Cela ne démontre-t-il pas que l'effet le plus terrible des

des canons, la mitraille, ne doit être redoutée que dans des proportions amoindries par la raison.

Cela ne prouve-t-il pas que les nouvelles pièces ne sont pas plus inabordables, pas plus imprenables que les anciennes.

Résumé.

En résumé, tout prouve que, s'il ne faut pas nier les progrès obtenus dans la portée et la justesse des armes à feu, ce qui serait absurde ; — s'il faut reconnaître un surcroît des effets dangereux dans la multiplicité des feux ; — il ne faut pas non plus exagérer ces heureux résultats.

On ne voit pas, en particulier, pourquoi la Cavalerie, plus qu'une autre arme, devrait redouter ces qualités des nouvelles armes, alors que sa nature, sa tactique, sa formation, lui donnent le moyen d'y échapper mieux et plus vite.

Avantages que la Cavalerie peut tirer des nouvelles armes.

—

Si, par suite de l'usage des nouvelles armes, la Cavalerie ne doit pas être complètement démontée ; si, au contraire, elle doit, comme toutes les autres fractions de l'armée, en tirer avantage, nous pourrons dire avec M. le général d'Azémar : « Nous verrons ses destinées « agrandies plutôt qu'amoindries. »

« Aujourd'hui, les progrès faits en mobilité par le « matériel (d'Artillerie) augmenteront probablement « l'importance de la Cavalerie en permettant de combi- « ner plus facilement et plus souvent l'emploi de cette

« arme avec celui de l'Artillerie. » (*Notice n° 6, Emploi de l'Artillerie, publiée par ordre de M. le maréchal* Mac-Mahon *sur les expériences faites au camp de Châlons en 1864.*)

La Cavalerie de réserve, croyons-nous, n'aura rien à changer à sa tactique ; elle fera, comme par le passé, mais au moment opportun seulement, les brillantes charges qui déterminent ou complètent la victoire ; elle portera ces coups terribles, décisifs, désastreux qui font, quoi qu'en disent les ignorants, qu'on tremble à son approche.

Le seul changement que doit trouver la Cavalerie de réserve sera tout à son profit : protégée de plus loin, aidée plus longuement par l'Artillerie, elle pourra tomber sur des troupes ébranlées depuis plus longtemps par les boulets. Elle pourra s'aventurer davantage puisqu'elle trouvera, en cas de retraite, un secours plus prompt ; elle n'aura plus à se préoccuper autant des pièces qui lui seront adjointes, qui se trouveront suffisamment protégées par leur éloignement en arrière.

La grosse Cavalerie gagnera en importance ; car, par suite de la diminution du calibre de la balle de l'Infanterie, elle se trouvera à l'abri sous ses cuirasses plus sûrement encore qu'autrefois.

Toute Cavalerie, en général, aura à gagner dans l'adjonction de troupes ayant des armes perfectionnées.

Mais la Cavalerie doit ressentir des progrès modernes une augmentation directe d'importance, par l'usage qu'elle fait elle-même des nouvelles armes.

Tous ou presque tous les régiments de la Cavalerie de ligne ou moyenne et de la Cavalerie légère, sont actuellement armés du fusil rayé dit de Dragon à peu près pareil, comme portée et comme justesse, à celui que va bientôt quitter notre Infanterie de ligne.

Il n'est pas douteux que tous les régiments de ces deux espèces de Cavalerie, vont être le plus prochainement armés du fusil se chargeant par la culasse.

S'il est vrai que dorénavant deux troupes ennemies doivent se tenir fort éloignées pour être hors de leur feu réciproque ; — s'il est vrai que dès l'instant où l'on se trouve sous la portée des armes à feu actuelles, on court de graves dangers ; — s'il faut promptement échapper à ces dangers, c'est-à-dire parcourir vite une longue distance pour aborder l'ennemi, quelle sera donc l'arme à laquelle ce rôle conviendra mieux qu'à la Cavalerie ?

Imagine-t-on un corps d'Infanterie placé à 3 kilomètres d'une Artillerie qu'il voudrait aborder, et qui subirait pendant 25 ou 30 minutes les boulets et la mitraille ?...

La Cavalerie, en pareille occurence, aborderait les pièces en 6 ou 7 minutes ; c'est-à-dire qu'au lieu de subir 25 ou 30 coups par pièce, elle n'en subirait que 6 ou 7.

Les armées se tiendront à distance : mais on finira toujours par s'aborder ; ce sera le cas de transporter rapidement sur l'ennemi une quantité, la plus grande possible, de feux sûrs. Ce sera par excellence le rôle de la Cavalerie armée de fusils à aiguille.

« Si vous voulez transporter rapidement à cheval, dit un
« auteur moderne, des hommes armés de fusils pour agir
« sur un point donné où des hommes à pied ne pourraient
« arriver que lentement et difficilement, ayez de l'Infan-
« terie montée sur des chevaux de petite taille dociles
« et aisés à manier. »

Il n'est pas besoin, ce semble, de créer une nouvelle arme, de l'*Infanterie montée*, puisque nous avons tout ce qu'il faut pour porter rapidement sur un point donné des hommes armés de fusils. Les difficultés seraient les mêmes que pour la Cavalerie lorsqu'il s'agirait d'avoir des chevaux *dociles* et *aisés à manier*, tandis que les cavaliers improvisés n'auraient pas autant de moyens d'action que les hommes faits de la Cavalerie.

Il ne s'agit que d'apprendre à la Cavalerie l'usage qu'elle peut faire de son fusil, tandis qu'il faudrait apprendre au fantassin à conduire et à conserver son cheval, science toute neuve pour l'Infanterie.

C'est ici qu'il paraît opportun de faire remarquer que

l'introduction du fusil à aiguille dans les armées, loin d'être une cause d'amoindrissement pour la Cavalerie, semble au contraire, lui ménager des succès assurés et conséquemment un rôle capital.

C'est surtout comme arme à feu convenant à la Cavalerie que nous devons hautement apprécier ce fusil ; c'est à elle qu'il rendra le plus de services ; c'est pour elle qu'il apportera les modifications les plus favorables ; c'est pour elle, allions-nous dire, qu'il a été inventé.

Avec le fusil à aiguille disparaissent tous les inconvénients qu'offrait l'*ancien* tir de la Cavalerie :

Elle n'aura plus cette baguette qui se perdait si fréquemment ou qui, si fréquemment aussi, se trouvait faussée par les mouvements violents du cheval ;

Nous n'aurons plus cette difficulté, dans l'exécution du chargement, d'introduire la baguette dans le canon, de bourrer exactement, et de remettre la baguette dans les tenons ;

On ne verra plus ces grands mouvements de bras qui dérangeaient la position de la main de la bride et gênaient la conduite du cheval, ou dans lesquels les oreilles et l'encolure se trouvaient atteintes ; ces tournoiements de fer poli miroitant au-dessus de l'œil des chevaux qui les effrayaient ;

Les difficultés du mouvement d'amorcer disparaîtront.

Notre fusil se chargeant par la bouche offre un double danger qui n'existera pas avec le fusil à aiguille : après quelques mouvements aux allures vives, lorsque le fusil est chargé, il arrive que la cartouche n'est plus bourrée et qu'elle s'éloigne du fond du canon ; le moindre inconvénient qui puisse en résulter, c'est qu'il y ait long feu ; mais il peut arriver aussi que le canon éclate ou que, pendant le maniement de l'arme, la charge soit sortie complètement, et alors le cavalier se trouve sans feu au moment où il peut en avoir le plus besoin et où il y compte le plus.

On peut donc dire que c'est la Cavalerie qui se ressentira le plus avantageusement de l'adoption du fusil Chassepot ; s'il n'existait pas, il faudrait le trouver pour elle.

Cet avantage pour nous d'avoir un fusil se chargeant

par la culasse a été, du reste, déjà depuis longtemps apprécié par l'Empereur, puisqu'il avait ainsi armé les Cent-Gardes depuis l'année 1855.

La grande objection qu'on oppose à l'efficacité du feu de la Cavalerie, c'est que ses chevaux ne sont pas assez familiarisés, assez impassibles aux coups de fusil : — tous les officiers de Cavalerie savent bien que c'est une affaire de dressage possible, qui n'a peut-être pas été assez suivie jusqu'à ce jour, mais qu'on peut mettre en pratique sur la plus grande échelle.

Il n'est pas question, bien entendu, des feux à pied, comme les prévoit, pour les Dragons, l'Ordonnance de 1829. Le combat à pied, tout en restant possible, ne peut jamais être, pour la Cavalerie, qu'une exception.

La seule manière de faire feu à pied, à laquelle on puisse habituer la Cavalerie, ce sera de laisser aux cavaliers la liberté de mettre pied à terre quand ils seront en tirailleurs, qu'ils auront assez de confiance en eux-mêmes pour continuer de marcher ayant la bride au bras et s'arrêter de temps à autre pour tirer.

La Cavalerie suffisamment exercée produira avec son feu des effets inattendus ; on peut n'y pas croire aujourd'hui ; c'est à l'expérience à le démontrer.

Quant à la Cavalerie légère, son rôle est dès longtemps tracé et le perfectionnement du fusil ne peut qu'augmenter ses ressources.

« Avant la guerre d'Afrique, on pouvait contester, « pour la Cavalerie, l'utilité des armes à feu devant « l'ennemi. L'expérience acquise pendant les trente « dernières années a bien changé les idées sur ce point « et les officiers qui ont été appelés à faire la guerre en « Algérie ont reconnu que l'utilité des armes à feu, dans « la Cavalerie, ne se borne pas, comme on l'a prétendu, « à signaler l'approche de l'ennemi. » (*Instruction sur le fusil de Dragon*, page 4.)

Malgré cette utilité incontestable, l'Instruction sur le tir pour la Cavalerie n'espère pas que nos tirailleurs puissent jamais entrer en lutte avec ceux de l'Infanterie ; c'est cependant une obligation que nous voudrions voir imposer à notre arme, et peut-être y aurait-elle quelque chance de réussir.

M. le colonel Bonneau du Martray dans *Nouvelle Méthode de guerre*, page 8, prévoit que nous deviendrons bientôt des *fusiliers à cheval* ; mais c'est déjà fait, puisque la plupart de nos hommes à cheval ont le fusil, il ne nous reste plus qu'à nous servir de notre arme d'une façon plus sérieuse.

Le même auteur donne peut-être, et peut-être sans y songer, à la Cavalerie, le moyen d'obtenir de la justesse dans son feu, malgré le mouvement du cheval. Il explique (page 66) qu'il n'est pas absolument nécessaire d'appuyer le fusil à l'épaule pour obtenir de bons résultats dans le tir et, d'accord avec un autre auteur (Mangeot, *Traité du fusil de chasse*), il conclut qu'on peut atteindre le but, pour ainsi parler, sans viser.

Conclusions à l'égard des nouvelles armes.

De tout ce qui précède, il faut conclure :

1° — Que la Cavalerie ne doit pas redouter les nouveaux feux beaucoup plus que les anciens ;

2° — Qu'elle pourra tirer un avantage marqué du perfectionnement des nouvelles armes ;

3° — Que ces armes n'obligeront à aucun changement notable dans sa composition, dans son organisation, dans sa tactique ; mais seulement, l'amèneront à avoir une instruction plus achevée.

AMELIORATIONS.

Le développement donné à la question des armes à feu nouvelles, n'implique pas nécessairement que ce soit la part la plus importante de ce qui a trait à la Cavalerie.

Il a été donné à notre arme des améliorations qui touchent plus spécialement sa propre essence et se rattachent soit à son instruction, soit à son équipement, soit à l'épurement de son effectif.

Nous examinerons rapidement :

1° — *Le travail individuel ;*

2° — *Le travail en divisions actives ;*

3° — *Les nouvelles méthodes de dressage ;*

4° — *Les diverses modifications survenues à l'équipement ;*

5° — *L'amélioration de l'effectif.*

Instruction.

Travail individuel.

Les bonnes choses se défendent d'elles-mêmes.

Le *travail individuel*, en usage dès longtemps dans la Cavalerie sous l'appellation de *manége civil*, mais réglementé, avantageusement modifié et complété par l'Instruction du 8 avril 1862, doit à l'administration de M. le maréchal Randon un développement qui en fait jusqu'à ce jour un des plus importants perfectionnements de la Cavalerie.

La justesse du tir des nouvelles armes, a-t-on cru, devait amener la Cavalerie à se disperser plus fréquemment ; chaque homme devait alors manier son cheval plus aisément : c'est fait et cela se fera mieux encore lorsque chacun saura plus complètement toutes les ressources de ce genre de travail.

Il est hors de doute que nos cavaliers sauront mieux dorénavant conduire leurs chevaux ; les chevaux seront accoutumés à toute espèce de mouvements individuels, sans routine, sans imitation, les cavaliers, moins préoccupés de leur monture, conserveront toute leur présence d'esprit, toutes leurs forces pour attaquer ou pour se défendre.

C'est une question de dressage plus achevé, d'instruction perfectionnée dont les résultats sont indiscutables.

Constatons seulement que c'est une amélioration de choses existantes et non une supplantation.

Divisions actives.

Les réunions de Cavalerie en divisions, si peu fréquentes autrefois, sont devenues, d'une façon permanente, des écoles où les officiers apprennent les mouvements d'ensemble de tous les fronts.

Sous le nom de camps d'instruction, ces réunions exigeaient, pour avoir lieu, de nombreuses formalités, de longs préparatifs ; on en parlait plusieurs années à l'avance.

Aujourd'hui, nous avons trois divisions actives de notre arme constamment réunies, constamment prêtes : Versailles, Lunéville et Lyon. On pourrait y ajouter Châlons, mais nous ne comprenons que les trois premières villes comme étant de simples garnisons où les divisions se trouvent réunies sans bruit et sans préparatifs.

Ces divisions ont l'avantage de faire voir à tous les officiers, de grandes réunions de Cavalerie ; de leur apprendre comment on peut sans peine et sans désordre, réunir, entretenir et mouvoir de nombreux escadrons.

Cela habitue chacun à ne pas se troubler du nombre ni du bruit ; ces grands rassemblements donnent enfin lieu à des échanges d'idées, à l'apprentissage d'habitudes qui ne peuvent être que très favorables au développement de l'instruction générale de l'arme.

Signalons un avantage d'un autre ordre :

En raison du travail plus pénible qu'y font les chevaux, la ration d'avoine leur est donnée un peu plus forte ; — espérons qu'un jour cette augmentation sera assez considérable pour permettre un travail quotidien de manière à avoir 300 séances d'instruction au lieu de 150 à très grand'peine, dans une année.

Méthodes de dressage.

Les moyens de dresser nos chevaux mieux ou plus promptement, se sont présentés en grand nombre depuis vingt ans; nous en rappellerons quelques-uns seulement :

La méthode Baucher, comme toutes les suivantes qui se sont entées sur elle, nous donne les moyens d'assouplir nos chevaux et de les préparer aussi bien au travail individuel qu'au travail des divisions actives.

La méthode Lancosme-Brèves, ayant recours aussi franchement à l'intelligence des chevaux qu'à celle des cavaliers, donne la facilité de pouvoir dresser simultanément, dans l'espace de trois ou quatre mois, les recrues et les jeunes chevaux, ce qui, dans un moment donné, aurait bien son importance.

Enfin voici une méthode récente, celle de M. le chef d'escadrons Boni qui, par une sage progression, amène nos chevaux à fournir, sans en être essoufflés, une course de plusieurs kilomètres au galop et à la terminer par une charge de 800 ou 1000 mètres.

Citons textuellement, comme nous l'avons déjà fait, cette expérience :

« La commission (composée de cinq officiers généraux « de Cavalerie) réunie à Paris a constaté que les chevaux « ainsi entraînés, avaient parcouru au galop, sans pa-

« quetage il est vrai, 3500 mètres en cinq minutes et
« fourni immédiatement après, une charge *d'un kilomè-
« tre.* » (*Méthode de dressage du cheval de troupe,*
page 37.)

Equipement.

La Cavalerie a apporté plusieurs modifications heureuses à diverses parties de son attirail.

Les *casques* ont reçu une forme non-seulement plus gracieuse, mais, ce qui est plus important, plus commode, qui répartit mieux le poids de cette coiffure et la rend plus facile à porter. Cela s'applique à toute la grosse Cavalerie et aux Dragons.

Les Chasseurs ont eu aussi, sous le rapport de la coiffure, une véritable amélioration.

Les *cuirasses* vont être bientôt complètement remplacées par des neuves plus ajustées, par conséquent moins sujettes à blesser l'homme ; et plus légères quoique tout aussi résistantes.

La *tunique* a remplacé, pour beaucoup de régiments déjà, tout l'ancien attirail de vêtements qu'avaient les officiers ; pour la troupe, c'est un vêtement qui couvre réellement et qui, avec une blouse, devrait composer en campagne, toute la garderobe du soldat.

Le *pantalon* à fausses bottes, dit à la Lassalle, remplace enfin l'ancien pantalon basané en cuir tout du long, qui était si lourd et si incommode.

Le *fusil* rayé nous avait été donné ; il est à penser que bientôt, nous aurons le fusil se chargeant par la culasse et qu'il fera disparaître à tout jamais ce qui pourrait rester de mousquetons.

Notre *pistolet* a été rayé aussi ; une décision toute récente vient d'ordonner la suppression de cette arme pour les cavaliers qui ont le fusil et entre les mains desquels cela formait surabondance d'armes à feu. Quelle transformation est appelé à subir le pistolet laissé à la grosse Cavalerie et aux Lanciers ?

Le *sabre* de la grosse Cavalerie a été modifié dans sa forme, d'une manière importante.

Le *harnachement* a été changé presque complètement et plusieurs fois ; — mais d'une façon qui n'a pas toujours été heureuse.

Effectifs.

Nous devons constater avec la plus vive satisfaction que des mesures récentes ont rendu à l'effectif des régiments un certain nombre d'hommes et de chevaux qui en grossissaient le chiffre sans y rendre les services qu'on est en droit d'attendre de chacun des membres de la Cavalerie, cette arme ayant pour but unique la guerre ou son apprentissage.

La suppression de nos musiques, qui a bien soulevé quelques mécontentements dans la population civile, a trouvé chez nous la plus entière approbation.

La plus rigoureuse exécution de la circulaire ministérielle qui prescrit la diminution des gens employés à divers titres en dehors du rang et contre tout règlement, doit aussi nous rendre un véritable service. — Car il est notoire qu'il existe encore actuellement dans les escadrons, un grand nombre d'hommes qui devraient y faire le service complètement et qui en sont distraits pour diverses causes extra-réglementaires.

Il ne faut cependant pas trop prendre souci de ces légères infractions : en cas de mobilisation réelle, de départ, tous ces gens-là seraient bien obligés de marcher avec la troupe dont ils font partie. Tout au plus y aurait-il à redouter cet inconvénient : c'est que ces *employés*, secrétaires, cochers, domestiques, jardiniers, ouvriers, etc., prennent des habitudes en dehors du métier, au détriment de la discipline et surtout de l'instruction qu'ils devront avoir en campagne.

Conclusions de la première Partie.

Il faut convenir que si la Cavalerie n'est pas complètement à hauteur de tout ce qui l'entoure dans l'art de la guerre, elle n'aura besoin, pour s'y mettre, que de peu d'efforts.

Il faut reconnaître qu'elle a déjà fait de réels progrès.

Que ces progrès, pour être lents, n'en sont peut-être que plus sûrs.

Il y a lieu enfin d'espérer qu'elle ne s'arrêtera pas en bon chemin, étant destinée par ses propres moyens et par le perfectionnement des armes à feu, à jouer sur les les champs de bataille un rôle beaucoup plus important que jusqu'à ce jour.

Deuxième Partie

DE CE QUI RESTE A FAIRE

Il n'est pas question ici, bien entendu, de *tout* ce qui reste à faire pour la prospérité de notre arme ; ce serait avoir la prétention d'embrasser tous les projets, toutes les idées que peut enfanter l'imagination, et le champ est vaste ; — ou de prévoir toutes les modifications heureuses qui seront apportées par le temps, par la guerre surtout.

Indiquons seulement les grandes divisions de ce que nous avons cru pouvoir, d'une façon utile, traiter actuellement en vue de progrès possibles pour la Cavalerie :

1° — *Rajeunir la Cavalerie le plus possible en hommes de troupe et surtout en officiers;*

2° — *Pousser l'instruction des officiers à des limites plus étendues ;*

3° — *Achever l'instruction de la troupe* en la dirigeant plus particulièrement vers le service des armées en campagne et vers le tir;

4° — *Donner au cheval le moyen de marcher plus vite et plus longuement.*

Pour obtenir ces améliorations, il y aurait un moyen très sûrement efficace : ce serait d'avoir à la tête de la Cavalerie une individualité puissante qui voulût sans hésitation entrer dans la voie des essais, peut-être des réformes, tout au moins des modifications.

C'est grâce à une protection omnipotente, que l'Artillerie a pu faire de très nombreuses expériences et qu'elle en fait encore chaque jour qui l'amènent à de nouveaux progrès.

« La Cavalerie française, dit le général Bismark, « quoique bien vêtue, bien tenue, tombe en langueur « parce qu'elle manque d'une impulsion unique. »

On pourrait aisément citer de ces éminentes personnalités, qui trouveraient à la tête de la Cavalerie française un rôle glorieux dont l'histoire offre déjà des exemples.

Le premier des moyens à employer, ce serait d'inculquer à la Cavalerie, le sentiment de sa propre force et de son incontestable utilité ; il paraît difficile qu'une institution puisse progresser si elle se croit sans cesse menacée de suppression ou d'amoindrissement.

RAJEUNISSEMENT DE LA CAVALERIE.

Avantages de la jeunesse.

L'armée, c'est la force.

S'il est une partie du corps social où la vigueur soit surtout indispensable, c'est donc dans la carrière des armes, — vigueur de l'esprit, aussi bien que vigueur du corps.

L'état militaire ne veut pas d'hommes vieux, parce

que si l'énergie se trouve parfois chez les vieillards, il faut bien convenir que c'est l'exception. La promptitude, la force, les élans héroïques, c'est-à-dire presque la témérité, sont les attributs des hommes jeunes. C'est avec des éléments de cette nature que les grands généraux remportent de grandes victoires.

C'est avec des phalanges de jeunes hommes que la France de 1792 put résister à l'Europe coalisée ; c'est avec une jeune armée que Napoléon fit sa première campagne ; c'est aux pieds des conscrits français que l'armée autrichienne vaincue, vint, après Marengo, déposer ses armes ; et, lorsque, quinze ans plus tard, il fallait au grand homme les plus puissants efforts pour défendre nos provinces contre l'invasion, c'est encore avec une toute jeune génération de soldats qu'il exécutait les rapides et hardies conceptions que cet immense danger suggérait à son génie.

Quels sont aujourd'hui les soldats qui portent dans tous les pays lointains la gloire de notre étendard ? — Des soldats qui ont trois ans de services, vingt-quatre ans d'âge.

L'armée la plus valeureuse, sans doute, que nous ayons eue, la plus justement renommée, c'était celle des *vieux grognards*, c'était la *vieille garde* ; mais il ne faut pas ici s'abuser sur la vraie signification des mots : ces *vieux* soldats, cette *vieille* garde avaient dix ans de services, n'avaient pas trente ans d'âge et l'on doit appeler cela des hommes jeunes. Ils n'étaient vieux, comme dit le poète, qu'en comptant le nombre de leurs victoires ; en comptant les pays qu'ils avaient parcourus, les grandes choses qu'ils avaient faites ; ils n'étaient vieux que par rapport aux incessantes levées de conscrits qu'ils instruisaient, auxquels ils servaient d'exemples au premier combat : c'étaient des *anciens*, non des *vieux*.

Les Romains prenaient des soldats dès l'âge de 17 ans et ils renvoyaient ceux qui avaient atteint 45 ans.

Notre législation française s'est établie sur des bases semblables : les engagements peuvent se faire à 17 ans ; la conscription prend des hommes de 20 à 27 ans ; —

depuis quelques années nos soldats obtiennent leur retraite à 42 ou 45 ans ; à cet âge ils sont devenus impropres aux fatigues et aux nécessités de la guerre, ils sont vieux.

L'homme jeune est seul capable de ces renoncements absolus qui font affronter gaiement les dangers et la mort. « Nous étions tous jeunes, dans ce temps, « dit Napoléon, soldats et généraux ; nous avions « notre fortune à faire ; nous comptions les fatigues « pour rien, les dangers pour moins encore. » (*Manuscrit de Ste-Hélène*, page 23.)

L'homme vieux s'est attaché par trop de liens à l'existence, pour la sacrifier avec autant d'abandon ; et il ne faut pas seulement entendre par là celui qui s'est créé une famille, mais encore l'homme resté seul, le célibataire. Est-ce qu'il n'a pas amassé avec amour, celui-ci une bibliothèque, celui-là une collection, un outillage, un mobilier ? Un autre ne s'est-il pas formé peu à peu un nid dans lequel il a réuni la foule des bibelots dont il se propose de jouir à l'aise dès qu'il sera débarrassé du harnais ?

C'est là sans doute pourquoi Napoléon doutait qu'on pût trouver des hommes intrépides dans ceux qui ont à perdre ; c'est là ce qui lui faisait dire qu'à Waterloo, il y avait du dévouement et de l'enthousiasme dans le soldat, mais qu'il n'y en avait plus dans leurs chefs ; ils étaient fatigués, ils n'étaient plus jeunes, ils avaient beaucoup fait la guerre, ils avaient des terres et des palais. (*Manuscrit de Ste-Hélène*, pages 96 et 110.)

Si l'on trouve parfois des hommes qui sacrifient leur fortune, l'avenir d'une femme et quatre enfants, à l'amour de la gloire, ceux-là sont réputés jusqu'alors de trop rares exceptions et on les appelle : « *Braves des braves.* »

On trouve dans quelques vieillards, sans doute, l'énergie de la jeunesse ; mais ceux-ci encore sont rares. « La « nature fait rarement des exceptions et ce n'est pas sur « elles que doivent s'établir des règles générales ; si « Blücher conserva dans un âge avancé l'activité de ses « premières années, combien d'autres n'étaient plus que

« l'ombre d'eux-mêmes. » (JACQUINOT DE PRESLE, page 51.)

Par contre, on trouve bien plus fréquemment dans les hommes jeunes, le jugement, l'expérience, le génie.

Sans rechercher des exemples trop loin dans l'histoire, sans dire que Pompée avait 23 ans quand il fit parler de lui, que César Octave avait 18 ans quand il conçut les vastes projets qui devaient bouleverser la constitution de Rome et du monde entier, restons dans notre patrie, voyons l'âge de Condé à Rocroi, l'âge de Turenne, de Maurice de Saxe quand ils ont déjà de grands commandements militaires ; — voyons le jeune artilleur dont les conseils prévalurent au siége de Toulon ; rappelons la sagesse du pacificateur de la Vendée et cette pléïade de jeunes héros qui remplacèrent tout d'un coup et si bien les vieux états-majors de l'ancienne armée de la royauté. On pourrait bien dire, non pas les traits de courage, ce serait trop aisé, mais de jugement et de profonde sagesse d'un grand nombre de jeunes gens de l'armée actuelle d'Afrique, d'Italie et du Mexique où un simple lieutenant se montrait tout-à-coup digne d'être nommé chef de bataillon.

Le plus grand consommateur d'hommes de notre siècle s'y connaissait, lui : lorsqu'il était appelé à se servir d'un homme de plus de quarante ans, il hésitait en lui décochant une épithète redevenue de mode ; il l'appelait *ganache.*

La vieillesse a des droits incontestables à notre respect pour sa sagesse et son expérience, pour la connaissance qu'elle a acquise de toutes choses et surtout pour les infirmités qu'elle a gagnées au milieu des accidents d'une longue vie ; — cela n'est point mis en question et c'est justement à cause de ce respect qu'on lui doit, qu'il lui est dû aussi le repos.

Pourquoi ne pas mettre les jeunes hommes, très jeunes, à même d'acquérir de bonne heure cette expérience des choses qui alors serait bien plus profitable à la nation, jointe qu'elle serait à la vigueur, à la virilité ?

Un des plus spirituels philosophes du dix-septième siècle a dit, quoique sous une forme frivole, des choses trop sensées à ce sujet pour qu'elles ne soient pas rapportées ici longuement.

Il se croit dans un royaume où les pères respectent leurs fils et leur obéissent dès qu'ils ont atteint l'âge de raison :

« Vous vous étonnez, lui dit on, d'une coutume si
« contraire à celle de votre pays? — Mais elle ne répu-
« gne point à la droite raison ; car, en conscience, dites-
« moi, quand un homme jeune et chaud est en force
« d'imaginer, de juger et d'exécuter, n'est-il pas plus ca-
« pable de gouverner une famille, qu'un infirme sexagé-
« naire, pauvre hébété dont la neige de soixante hivers
« a glacé l'imagination, qui ne se conduit que par ce
« que vous appelez expérience des heureux succès qui
« ne sont cependant que de simples effets du hasard
« contre toutes les règles de l'économie de la prudence
« humaine.

« Pour du jugement, il en a aussi peu, quoique le
« vulgaire de votre Monde en fasse un apanage de la
« vieillesse ; mais pour se désabuser, il faut qu'il sache
« que ce que l'on appelle *prudence* en un vieillard n'est
« autre chose qu'une appréhension panique, une peur
« enragée de rien entreprendre, qui l'obsède. Ainsi
« quand il n'a pas risqué un danger où un jeune homme
« s'est perdu, ce n'est pas qu'il en préjugeât sa catastrophe,
« mais il n'avait pas assez de feu pour allumer ces nobles
« élans qui nous font oser ; au lieu que l'audace de ce
« jeune homme était comme un gage de la réussite de
« son dessein, parce que cette ardeur qui fait la prompti-
« tude et la facilité d'une exécution, était celle qui le
« poussait à l'entreprendre.

« Pour ce qui est d'exécuter, je ferais tort à votre
« esprit de vouloir le convaincre de preuves. Vous savez
« que la jeunesse seule est propre à l'action ; et si vous
« n'en étiez pas tout-à-fait persuadé, dites-moi, je vous
« prie, quand vous respectez un homme courageux, n'est-
« ce pas à cause qu'il vous peut venger de vos enne-
« mis ou de vos oppresseurs ? — et est-ce par autre con-

« sidération que par pure habitude, que vous le consi-
« dérez lorsqu'un bataillon de septante janviers a gelé
« son sang et tué de froid tous les nobles enthousiasmes
« dont les personnes jeunes sont échauffées ?

« Lorsque vous déférez au plus fort, n'est-ce pas afin
« qu'il vous soit obligé d'une victoire que vous ne lui
« sauriez disputer ? — Pourquoi donc vous soumettre à
« lui quand la paresse a fondu ses muscles, débilité ses
« artères, évaporé ses esprits et sucé la moelle de
« ses os ?

« Enfin, lorsque vous aimiez un homme spirituel, c'é-
« tait à cause que, par la vivacité de son génie, il péné-
« trait une affaire mêlée et la débrouillait ; et cependant,
« vous lui continuez vos honneurs quand ses organes
« usés rendent sa tête imbécile, pesante et importune
« aux compagnies.

« Concluez donc par là, mon fils, qu'il vaut mieux
« que les jeunes gens soient pourvus du gouvernement
« des familles, que les vieillards. D'autant plus même
« que, selon vos maximes, Hercule, Achille, Epaminon-
« das, Alexandre et César, qui sont presque tous morts
« au-deça de quarante ans, n'auraient mérité aucuns
« honneurs, parce que, à votre compte, ils auraient été
« trop jeunes, bien que leur seule jeunesse fût la cause
« de leurs belles actions, qu'un âge plus avancé eût
« rendues sans effet, parce qu'il eût manqué de l'ardeur
« et de la promptitude qui leur ont donné ces grands
« succès.

« Mais, direz-vous, toutes les lois de notre Monde
« font retentir avec soin ce respect qu'on doit aux vieil-
« lards. — Il est vrai ; mais aussi, tous ceux qui ont in-
« troduit des lois, ont été des vieillards qui craignaient
« que les jeunes ne les dépossédassent justement de
« l'autorité qu'ils avaient extorquée. » (Cyrano de Ber-
gerac, page 87.)

La Cavalerie doit être jeune.

—

Si la Cavalerie est restée un moment en arrière des autres armes, si ses progrès ne sont pas aussi sensibles, aussi évidents que dans l'Artillerie, c'est à elle-même qu'elle doit s'en prendre : le plus grand nombre de nos officiers sont vieux. Or, Jacquinot de Presle le dit avec raison, « il faut de jeunes officiers dans l'armée pour lui « imprimer du mouvement et suivre les progrès de l'art « de la guerre. » (*Cours d'art militaire*, page 50.)

Ne croyons pas avec cet auteur qu'il faille dans la Cavalerie, des officiers plus âgés que dans l'Infanterie ; c'est une erreur qu'il réfute lui-même quand il dit que la lenteur au moral comme au physique, ne convient pas à la guerre, — vérité applicable surtout à la Cavalerie, arme de mouvement par excellence qui exige de l'adresse et de l'énergie, de la promptitude dans le jugement et dans l'action, de l'audace et de la témérité dans le péril.

Car il faut bien se pénétrer que la Cavalerie n'est pas une arme défensive ; c'est une arme d'attaque. Elle exige donc beaucoup d'entrain et de vivacité.

Le caractère français se prête merveilleusement à fournir les qualités nécessaires à la Cavalerie, et il n'y a nul doute qu'il ne soit possible de faire de nous la première Cavalerie du monde.

S'il est vrai que la justesse et la vivacité des mouvements donnent la victoire (WARNERY, 142) ; — s'il est vrai — Jacquinot de Presle le répète (p. 153) après Warnery (page 87) — que la force de la Cavalerie consiste dans la rapidité de ses mouvements et dans l'audace qui lui fait aborder son ennemi, il faut qu'elle soit jeune et menée par de jeunes chefs pleins de vigueur d'esprit et de corps.

Si les grands officiers de Cavalerie sont rares ainsi que

le reproche Warnery, c'est qu'ils commencent trop tard
à apprendre.

« Mettez dans la Cavalerie seulement des gens jeunes
« et sûrs.

« Les officiers déjà en âge font moins de mal à l'en-
« nemi que le dernier soldat. » (Warnery, 57, 51.)

Dans la milice romaine, le cavalier pouvait obtenir
son congé après dix ans de services, tandis que le fantassin ne pouvait l'obtenir qu'après vingt ans. Cela ne mon-
tre-t-il pas combien on tenait à avoir des soldats jeunes
pour la Cavalerie, combien on tenait peu à ceux qui ne
l'étaient plus ?

« Dans les grades subalternes de l'Infanterie et de la
« Cavalerie, mieux vaut actuellement à la guerre l'effer-
« vescence de la jeunesse que la maturité de l'âge, mieux
« vaut même l'étourderie de l'écolier que la pesanteur
« des ans. » (Général Bardin.)

Cela s'applique bien aussi aux officiers supérieurs et
généraux :

Sous l'Empire, l'âge moyen des généraux était de 30
à 40 ans (Général Dejean, *Moniteur du 12 juin* 1838);
mais sous Louis-Philippe, lors de la paix à tout prix,
cette moyenne était de 60 ans.

« C'est un grand malheur pour l'armée et le pays, d'a-
« voir tant d'officiers-généraux trop âgés. » (Général
Dejean, *même Moniteur.*)

« Il est important d'entamer les hostilités avec des
« généraux jeunes ; rien de plus préjudiciable à l'intérêt
« de l'Etat que la nomination d'un général d'armée
« affaibli par le poids des ans. » (Général Bardin.)

« On doit être étonné de l'imprudence qui présidait
« aux destinées de l'armée prussienne en 1808; la plu-
« part des généraux étaient plus que septuagénaires,
« beaucoup de colonels et même de majors l'étaient éga-
« lement. L'on ne peut nier non plus que, dans les trou-
« pes autrichiennes, cette quantité de vieux officiers de
« tous grades qui n'ont cessé d'y paraître, n'ait contribué
« aux revers qu'elles ont essuyés dans les dernières
« guerres. » (Jacquinot de Presle, 52.)

« L'armée classique que Frédéric II avait laissée à la

« Prusse, périt en face de notre armée révolutionnaire,
« parce que la pesanteur de ses officiers à cheveux
« blancs, ne pouvait, à bravoure égale, disputer aux offi-
« ciers français le prix de l'agilité. » (Général BARDIN.)

Toutes ces considérations ne démontrent-elles pas, —
toutes ces autorités ne disent-elles pas que la Cavalerie
doit être maintenue toujours jeune, surtout dans ceux
qui sont chargés de la conduire, de lui servir d'exemples
et de guides, ses officiers?

Qu'entend-on par être jeune en fait de soldats et d'officiers de Cavalerie ?

Quels pourraient être les moyens de rajeunir la Cavalerie et surtout de la maintenir toujours jeune?

Cavaliers jeunes.

Un homme est jeune moins encore par le calendrier
que par l'état de conservation de ses facultés physiques et
intellectuelles.

Pour l'homme de troupe, dans la Cavalerie, on ne saurait l'avoir trop jeune, parce que l'exercice du cheval ne
nuit en rien au développement corporel et qu'il donne
des habitudes de vitesse, d'entrain, de hardiesse dont
l'armée aura tout le profit quand le soldat sera formé.

Nous n'avons pas assez de jeunes gens qui s'engagent
à 17 ans dans la Cavalerie. Ce seraient cependant les
vrais cavaliers que nous désirons : de 17 à 21 ans, ils
acquièrent le complément de leur taille, de leurs forces ;
leur instruction équestre et militaire s'achève et nous les
avons, tout jeunes encore, prêts à rendre les meilleurs
services à la guerre.

Il est bien à souhaiter qu'une vaste institution nous
permette d'avoir, comme le comprend M. le général
d'Azémar, une école de pupilles de la Cavalerie. L'expérience restreinte tentée jadis à Saumur ne devrait pas dé-
courager ceux qui veulent être utiles à notre arme: sous
des chefs attentifs, les abus peuvent être beaucoup
amoindris, sinon complètement évités.

Que l'on attache au Prytanée une section de Cavalerie, à l'instar de celle de Saint-Cyr ; à côté des exercices d'Infanterie, il y aurait un escadron des jeunes élèves les plus aptes à l'équitation.

L'homme destiné à monter à cheval, devrait donc être pris dès l'enfance.

L'homme bon à entrer dans un régiment de Cavalerie, devrait avoir 17 ans.

L'homme de troupe, cavalier, devrait être prêt à faire la guerre dès l'âge de 20 ans.

Officiers jeunes.

Pour dire l'âge que devrait avoir un officier de Cavalerie, parcourons toute la hiérarchie.

Les officiers qui, en toute circonstance, se trouvent le plus rapprochés de la troupe, qui combattent toujours avec le soldat, destinés plus encore à l'entraîner qu'à le diriger, ceux-là peuvent être prêts dès le plus jeune âge.

Un homme de 18 ans, peut faire un excellent sous-lieutenant, prêt à entrer en campagne.

C'est de deux années plus tôt que ce que nous demandions tout-à-l'heure pour le soldat ; mais cela s'explique par la différence de position sociale antérieure : un homme de 18 ans qui serait officier a vécu dans un bien-être qui a pu compléter presque entièrement son développement corporel, tandis que ce bien-être a le plus souvent manqué au soldat de 20 ans.

Notre jeune officier a acquis assez d'études théoriques pour pouvoir essayer immédiatement la mise en pratique de ses travaux d'école, et si les fatigues d'une campagne sont aussi rudes pour lui que pour le soldat, il aura plus que ce dernier les moyens de réparer les pertes éprouvées.

Avec de jeunes sous-lieutenants, nous aurons de jeunes capitaines.

Les officiers supérieurs sont déjà moins intimement liés à la troupe ; ils ne combattent plus constamment avec elle ; mais comme ils se trouvent cependant toujours rapprochés de l'ennemi, comme ce sont les officiers *dirigeant* de plus près, ils doivent avoir assez de verdeur et de vivacité pour ordonner très promptement une manœuvre énergique à laquelle même ils puissent, par leur exemple, donner un utile concours. Il faut donc des officiers supérieurs jeunes de corps autant que d'esprit.

Il n'est pas rare, dans notre armée, que les officiers-généraux combattent avec la troupe. Warnery veut obliger nos généraux « à ne pas faire les spadassins comme de « simples cavaliers qui s'en acquitteront mieux qu'eux ; « mais à se retirer dans les intervalles, rester un peu en « arrière pour voir ce qui se passe et porter remède où « il sera nécessaire. »

En abusant de cette pensée de Warnery, bonne en soi, nous arriverions à avoir des généraux froids, trop sages.

Il faut pour conduire la Cavalerie des cœurs tout bouillants, qui ne se commettent pas à tout propos, sans doute, mais énergiques dans les moments difficiles et capables de payer alors de leur personne pour électriser leur troupe et l'entraîner *malgré tout*.

Pour donner une mesure précise de nos idées, disons que nous voudrions avoir des officiers supérieurs de 30 ans, et qu'il serait désirable que nos généraux n'eussent pas plus de 50 ans.

Au lieu de répéter avec tant d'autres que ces limites sont impossibles, que des difficultés insurmontables s'opposent à la solution de cette question, examinons-la néanmoins ; — émettons quelques idées qui puissent contribuer peut-être à amoindrir ces difficultés.

Moyens de rajeunissement.

Troupe.

Nous avons des hommes de troupe de 20 à 27 ans ; nous avons donc une Cavalerie jeune. Les rengagements ni les cadres n'influent pas d'une manière assez sensible, du moins jusqu'à ce jour, pour la faire vieille. La loi sur la dotation de l'armée, on le pressent, ne pouvait, au point de vue de nos idées, être considérée comme nous étant favorable. Heureusement que les soldats peu nombreux qui atteignent 15 ans de services, 35 ans d'âge, se trouvent le plus souvent répartis dans des emplois spéciaux, trompettes, prévôts d'armes, ouvriers, cantiniers, etc. L'intention qui avait présidé à l'élaboration de cette loi d'avoir, *dans les rangs*, d'anciens soldats, avait-elle atteint son but ? — Non, et Dieu merci !

Que si l'on voulait voir notre Cavalerie plus jeune, d'une façon un peu marquée ; il y aurait alors l'institution des pupilles de M. le général d'Azémar ; il y aurait à provoquer pour les régiments de notre arme, les engagements des jeunes hommes de 17 ans.

Cette pensée de Napoléon 1er ne saurait être trop répétée : « La meilleure disposition pour des soldats, c'est d'être braves sans expérience. » (*Manuscrit de Sainte-Hélène*, page 7.)

Officiers subalternes.

Pour avoir des sous-lieutenants jeunes et, par suite, de jeunes lieutenants et capitaines, on peut d'abord profiter des ressources qu'offrirait le Prytanée : qu'on y élève de jeunes enfants destinés à l'état militaire exclusivement ; une partie serait exercée au cheval et à la plupart des choses qui s'apprennent dans la Cavalerie ; ce sera une section préparatoire pour Saint-Cyr et nous aurons, à leur entrée à cette école, des jeunes gens déjà accoutumés à l'équitation régimentaire. A dix huit ans ils seront suffisamment instruits pour pouvoir immédiatement faire le service dans les escadrons et entrer en campagne.

L'examen d'un jeune soldat arrivant dans un régiment comme appelé ou comme engagé volontaire, devrait être assez sérieux pour qu'on pût juger sur-le-champ s'il doit être plus tard un officier ou s'il doit rester à tout jamais dans les rangs de la troupe. Du moment qu'un nouvel arrivé fait bien son métier de soldat, qu'il sait être brigadier et qu'il a rempli tous les emplois de sous-officier à la satisfaction de ses supérieurs, pourquoi n'en pas faire promptement un officier ?

« Tel homme est né général, tel autre, caporal ; il « faut que la destinée de tous deux s'accomplisse. » (DE BRACK, page 33.)

Il paraîtra peut-être difficile que nos cadres actuels puissent avoir cette rapidité de jugement, cette sûreté de pronostic qui font deviner un futur officier sous la veste du garde d'écurie : c'est que la plupart d'entre nous doivent à l'ancienneté ce droit d'appréciation qu'on se refuse à reconnaître erroné ; mais que nos officiers soient jeunes et ils reconnaîtront bien vite *un des leurs*.

Il n'est question ici, bien entendu, d'aucune considération de fortune, de naissance, de relations sociales ; — au point de vue politique, ces considérations peuvent avoir de l'importance ; mais au point de vue de la prospérité et de la force de la Cavalerie, il ne doit être porté de jugement que sur l'instruction, la vigueur, les qualités personnelles enfin qui constituent l'aptitude des futurs officiers.

Même en temps de paix, on peut obtenir :

Le grade de brigadier après six mois de services ;

Celui de sous-officier avec une année de services ;

Celui de sous-lieutenant au bout de trois ans de services.

Nous pourrions donc avoir des officiers de vingt ans, formés dans les régiments.

Ce serait justice pour le plus grand nombre. En effet, quand un jeune homme bien portant, intelligent et instruit a fait *ses classes*, pendant six mois, s'il n'est pas un cavalier accompli, il faut prévoir pour lui qu'il apprendra d'autant plus, qu'il sera quelque chose de plus ; — quand il aura fait pendant six autres mois le métier de brigadier, ne le saura-t-il pas suffisamment ? — Quand il aura, pendant deux ans, rempli les diverses fonctions du grade de sous-officier, maréchal-des-logis de peloton, fourrier, maréchal-des-logis-chef et adjudant, ne saura-t-il pas se conduire dorénavant dans les divers travaux de la vie militaire, aussi bien que ceux qui deviennent officiers après avoir passé trois ou quatre ans sur chacun de ces échelons ?

Avec nos institutions actuelles, sans rien changer dans notre constitution, dans notre législation, nous pourrions donc avoir des officiers très jeunes sortant des rangs de la troupe ; il ne faudrait pour cela que rompre avec cette vieille routine qui met toutes les intelligences, toutes les aptitudes au même niveau et exige de toutes le même surnumérariat.

Quant aux braves gens que recommandent d'honorables services, mais que leur instruction, leur intelligence rendent moins aptes à l'honneur de l'épaulette, il faut les accoutumer de bonne heure à accepter comme position ultime celle de brigadier, de maréchal-des-logis où ils sont parvenus. Ces positions ont été d'ailleurs assez largement améliorées pour qu'elles soient enviées par le plus grand nombre.

Il y aurait une création bien utile dans notre arme : ce serait celle de *Gardes de Cavalerie*, à l'instar de ce qui a été fait pour les meilleurs sujets parmi les anciens serviteurs du Génie et de l'Artillerie. L'école de Saumur, les écoles de dressage, les dépôts de remonte, les manéges, les divisions actives de Cavalerie, offriraient aux Gardes de Cavalerie des emplois sédentaires où ils trouveraient une amélioration de position équivalente, pour beaucoup, sous bien des rapports, à l'obtention du grade d'officier. Ce serait là un déversoir qui aiderait encore à avoir moins d'officiers trop âgés dans les régiments.

Un autre moyen d'avoir des sous-lieutenants jeunes, ce serait de les prendre tous sortant de l'école de Saint-

Cyr, et pour cela, recruter Saint-Cyr dans les sous-officiers des régiments, ainsi qu'il sera expliqué ci-après à propos de l'instruction des officiers.

Un sous-lieutenant âgé de 18 ou 20 ans pourrait, en temps de paix, être lieutenant à 20 ou 22 ans, capitaine à 22 ou 24 ans. Ces limites sont absolument possibles et l'application de la loi qui les permet devrait être plus fréquente.

Un officier de Cavalerie pourrait à 26 ou 28 ans, être chef d'escadrons et, en fixant à 30 ans l'âge de nos officiers supérieurs, ce n'est pas une exagération qui doive paraître extraordinaire. C'est bien loin de ce qui existe actuellement car le plus grand nombre des chefs d'escadrons dépasse 48 ou 50 ans. Les lieutenants-colonels et les colonels dépassent aussi, certainement, cette moyenne d'âge.

Officiers supérieurs et généraux.

Pour avoir des officiers supérieurs jeunes, il est un remède héroïque : c'est de ne les nommer qu'au choix. On le fait déjà pour les emplois de major, pour les lieutenants-colonels et les colonels.

Il a déjà été dit que les officiers supérieurs sont en réalité les premiers *dirigeants* de la troupe ; il ne suffit plus alors, comme chez les officiers subalternes, d'avoir du courage et de l'audace, qualités le plus fréquemment seules nécessaires ; il faut de plus des garanties, des connaissances, une instruction générale et spéciale que l'on ne possède pas nécessairement par cela seul qu'on est le plus ancien. Il ne paraît donc pas raisonnable de nommer à l'ancienneté des officiers qui seront très braves, sans doute, mais privés absolument, — cela peut arriver, — des qualités nécessaires non plus seulement pour entraîner la troupe, mais pour la diriger.

La position faite à un capitaine commandant peut assurément servir de limite à l'ambition de bien des officiers ; en activité, en retraite même, ce peut être un terme honorable à une honorable carrière.

« Dans les armées anglaise, belge, prussienne, le
« grade de capitaine jouit d'avantages assez grands pour
« qu'un grand nombre d'officiers bornent leur ambition
« à l'obtenir. » (JACQUINOT DE PRESLE, page 50.)

Mais alors, ce choix complet pour les nominations au
grade de chef d'escadrons, il faut le demander à la suite
d'un concours, d'examens publics si l'on veut. Chez une
nation comme la nôtre où la bravoure est commune, on
ne doit pas craindre de manquer de sujets capables en
même temps que courageux ; ces qualités ne s'excluent
pas entre elles.

Cela donnerait enfin une puissante émulation à tous
ceux qui, sous la loi actuelle, s'engourdissent dans l'inaction et l'indifférence *en attendant leur tour.*

« L'ancienneté est un titre sans doute, et un titre très
« respectable, mais il n'est pas le premier. Les armées
« dans lesquelles on lui a donné trop d'importance ont
« toujours été battues, tandis que celles où le mérite n'a
« pas été invariablement soumis à sa pâle exigence, ont
« toujours été victorieuses.

« En vertu de cette loi de l'ancienneté qui tue tout
« amour-propre, tout désir de mieux faire, le plus mé-
« diocre est sûr de primer le meilleur sans tenter le
« moindre effort ; aussi, dans les régiments, la grande
« affaire, pour un officier, n'est pas son savoir et son
« zèle, n'est pas même les notes de l'inspection, c'est sa
« place sur le contrôle d'ancienneté. » (DE BRACK,
page 33.)

De même qu'en nommant des sous-lieutenants jeunes,
on aura de jeunes capitaines, — de même en nommant
des officiers supérieurs jeunes, on aura de jeunes généraux.

Mais pour que ces nominations aient lieu parmi les uns et les autres, il faut qu'il se produise des vacances, et c'est ici que gît le véritable nœud de la question.

Les vacances absolues, entraînant radiation définitive des contrôles de l'armée, ont lieu par les causes suivantes : décès, passage dans le cadre de réserve, retraite, réforme, démission, destitution.

Quelques-unes de ces causes étant en dehors des prévisions, se trouvent par là, hors de toute discussion : les décès, les démissions, les destitutions. Les chiffres que présentent ces causes de radiation sont cependant assez élevés puisque, dans une période de douze années, de 1852 à 1863 inclus, il y a eu dans la Cavalerie 353 décès, 256 démissions et 12 destitutions.

Le passage des officiers généraux dans le cadre de réserve, les retraites, la mise en non-activité que suit le plus fréquemment la mise en réforme, sont au contraire des mesures sur lesquelles l'autorité supérieure a une influence quelquefois absolue, dont l'opportunité d'application se trouve le plus souvent à sa disposition, sujette par conséquent à des appréciations, à des modifications.

Le cadre de réserve pour les officiers généraux est un moyen que se donne l'État, de retrouver, en cas de nécessité, des hommes d'expérience ayant fait la guerre ; il faut convenir cependant que, depuis plus de 30 ans, tous les grades de l'armée ont été assez également exercés. Peut-être vaudrait-il mieux alors nommer de nouveaux généraux que de reprendre les anciens ; ceux-ci, en effet, par suite de leur éloignement de l'armée active, peuvent n'avoir pas suivi tous ses progrès. La retraite terminerait la carrière de nos généraux à leur sortie de l'activité.

La limite d'âge pour les officiers-généraux et même pour les officiers supérieurs est appliquée avec assez de rigueur depuis déjà longtemps ; la même sévérité est désirable pour tous les autres grades, car, dans l'échelle hiérarchique militaire, dès qu'on s'attarde sur un échelon, on attarde aussi tout ce qui vient après et pour longtemps.

Mais il est une mesure dont l'application comprise d'une certaine façon, est bien autrement préjudiciable à la vigueur de l'arme :

La retraite, pour les officiers, s'obtient à 30 ans de services ; il est très commun cependant d'en trouver en activité avec 35 et 40 ans de services. Cette longanimité ne peut s'expliquer que par une considération excessive pour les intérêts d'argent, soit des individus, soit de l'État. Il est cependant un intérêt bien autrement grave et sans lequel les questions pécuniaires n'ont aucune sécurité : c'est qu'il faut avant tout avoir des succès lorsqu'on est obligé à la guerre.

Les énormes pertes de territoire, de matériel et d'argent que viennent d'éprouver les états de l'Allemagne dans la guerre contre la Prusse, sont un exemple bien saillant du danger des économies dans les choses de la guerre ; les contributions considérables imposées aux cités conquises, Francfort par exemple, doivent donner à réfléchir aux contribuables qui ne participent à la guerre que par leur argent.

Pour économiser quelques centaines de mille francs au budjet, pour procurer à quelques personnalités une augmentation du chiffre de leur retraite, on s'expose à des revers, à la ruine.

Un capitaine que l'on conserve jusqu'à 35 ans de services, alors qu'on aurait pu le retraiter à 30 ans, a empêché un jeune officier de devenir capitaine, de telle sorte qu'on a eu pendant cinq années un capitaine de 50 à 55 ans au lieu d'en avoir un de 25.

La retraite à 30 ans d'une façon absolue, a été tentée sous un jeune ministre en 1848 ; mais elle s'est trouvée présentée d'une manière brusque, qui lui a attiré les adversaires les plus nombreux et les plus influents ; on y reviendra par une grande mesure législative qui coupera court à toutes les récriminations.

Il y a lieu d'espérer même qu'on appliquera aux services des officiers, une durée égale à celle des services de la troupe ; c'est-à-dire que la retraite sera accordée pour tous à 25 ans. Un premier pas dans ce sens est déjà fait puisque, à 25 ans de services, on peut actuellement obtenir retraite en complétant par des années de campagnes les 30 ans exigés.

L'armée, qui est la plus puissante personnification de la force, ne doit prendre de la vie de l'homme que les années de vigueur physique et morale ; elle ne doit, pour ainsi dire, qu'écrémer la population en tant que forces. Mais il est juste en même temps de rendre aux carrières civiles des hommes qui ne soient point exténués de toute façon, des hommes usés sur toutes les coutures.

Est-ce à dire que les jeunes gens viendront pendant quelques années passer dans nos rangs le stage de la vie, avec l'espoir d'arriver le plus promptement, le moins péniblement possible au terme d'une carrière de plaisir, pour jouir, encore jeunes, d'une retraite si doucement acquise ? — Au contraire, nous voulons que l'armée, la Cavalerie surtout, use largement de tout ce que ses membres peuvent lui donner de leurs diverses facultés ; que la carrière militaire soit un labeur incessant, que les officiers soient toujours en haleine, toujours en alerte ; que ce soit une vie de chaleur et de mouvement, une vie de fièvre.

La non-activité est une mesure très grave dont il faut demander, tant qu'on le pourra, la suppression.

Lorsqu'un officier a des infirmités qui le mettent hors d'état de rester au service, pourquoi biaiser ? Ces infirmités, la plupart du temps, ont été acquises pendant le service et à l'occasion du service ; alors pourquoi marchander au malheureux qui en est atteint, une retraite si chèrement gagnée ?

On voit des officiers rester des années entières dans les hôpitaux, dans les établissements thermaux, en congé de convalescence, puis obtenir enfin une mise en non-activité qui peut durer six ans ; tout cela aboutit à une mise en réforme au détriment de tous les intérêts de l'Etat. Il eût mieux valu donner sur le champ une retraite à l'officier malade et ne pas priver l'armée, pendant huit ans, des services d'un de ses membres soldés.

La mise en non-activité par mesure de discipline est une punition immorale qui n'a jamais été que nuisible.

Lorsqu'un officier mérite plus que les deux mois de prison qu'on peut lui infliger par voie disciplinaire, c'est que cet officier est indigne de rester dans le corps honorable dont il fait partie. La tergiversation est une folie, il faut la réforme, mais entourée de toutes les garanties d'une justice assurée. Ce serait encore une condition de force et de rajeunissement pour notre arme.

Cette question de la non-activité est une des plus graves auxquelles on puisse toucher, puisque le chiffre des radiations qui en sont la suite s'élève pour la Cavalerie, de 1852 à 1863 inclus, à 427 mises en non-activité et 42 mises en réforme, alors que, dans la même période, le chiffre des retraites n'est que de 413.

Il y aurait donc toujours des vacances assez nombreuses dans les divers emplois d'officiers si l'on appliquait sérieusement certaines parties de nos lois existantes ; des économies exagérées peuvent amener à cet égard de véritables désastres, c'est-à-dire des dépenses mille fois plus considérables.

Résumé.

Résumons en ces termes :

La Cavalerie pour être forte, pour être utile, doit être jeune.

La troupe est jeune par le mode de recrutement actuel, mais on pourrait et l'on devrait avoir des cavaliers prêts à faire campagne à 20 ans. L'institution de pupilles de Cavalerie, les engagements plus nombreux à 17 ans, voilà des moyens de rendre notre Cavalerie plus jeune encore.

Pour avoir des officiers subalternes jeunes, l'introduction d'une section de Cavalerie au Prytanée, le choix fait de bonne heure de ceux qu'on croit dignes de l'épaulette, la création de Gardes de Cavalerie, la retraite au lieu de la non-activité ou la réforme pour infirmités, la retraite pour tous à 30 ans et même à 25 ans de services.

Pour avoir des officiers supérieurs et généraux, l'avancement en totalité au choix avec concours publics, la limite d'âge rigoureusement appliquée et abaissée, la mise à la retraite à 30 ans de services absolument : voilà, semble-t-il, des remèdes assurés contre le vieillissement de notre Cavalerie, c'est-à-dire contre son affaiblissement.

DE L'INSTRUCTION DES OFFICIERS.

Progrès de l'instruction.

L'instruction générale est une des choses qui ont fait le plus de progrès de notre temps : les artisans deviennent des artistes, presque tous nos paysans savent lire et écrire, toutes les sciences étendent chaque jour davantage le cercle de leurs connaissances.

Tout près de nous, même, nous trouvons un exemple frappant de cette vérité : les anciens *artistes* vétérinaires sont devenus des hommes remarquables par leur instruction et le degré de profondeur où ils ont poussé leur science ; si bien qu'en moins de vingt ans ils ont complètement transformé la position qu'ils occupaient autrefois dans la hiérarchie militaire.

Seuls, sommes nous restés stationnaires ?

Dans une brochure de 1845 sur la nécessité de fonder des bibliothèques militaires, M. le commandant Ferdinand Durand dit avec beaucoup de courtoisie que *quelques* officiers sont encore au-dessous de leur position.

Vingt ans après, faut-il constater que nous ayons reculé ?

Non ; — mais tout ce qui nous entoure a marché et nous n'avons peut-être pas suivi d'assez près. Si nous sommes bien obligés de confesser de l'ignorance parmi nous, encore n'est-ce pas une ignorance absolue ; elle n'est réelle que par comparaison avec l'instruction qui nous environne. Nous ne sommes plus au temps où un brave capitaine pourrait ne savoir que signer ; il ne serait plus possible qu'un maréchal de France vint égayer de ses cuirs une assemblée législative. Les *savants* des armées de la République et de l'Empire, *ceux qui avaient été fourriers*, ne brilleraient que médiocrement aujourd'hui dans nos régiments ; l'état d'ignorance où se trouvait alors la majeure partie de la population et une guerre qui dura plus de vingt ans expliquent seuls des nominations d'officiers — nominations non incriminées ici assurément — qui seraient impossibles aujourd'hui.

Formulons cependant tout d'abord cette proposition trop vraie : c'est que le plus grand nombre des officiers de Cavalerie ne sont pas suffisamment instruits ni des choses générales, ni des choses purement militaires.

De parti-pris, nous ne voulons pas nous faire plus mauvais que nos voisins. Nous reconnaissons volontiers que les officiers étrangers le plus fréquemment en vue, ceux avec lesquels on peut nous comparer, sont justement ceux-là qui ont de la fortune et—c'est presque une conséquence — de l'instruction. Nous pourrions alors supposer que les autres, c'est-à-dire le grand nombre, ceux qui restent chez eux, ne sont pas aussi brillants que leurs camarades envoyés chez nous en mission, en congé, etc.

Mais cette satisfaction, qui d'ailleurs serait d'un mince avantage, ne nous est pas permise.

Les puissances européennes accordent presque toutes l'avancement soit à la naissance, soit à la fortune, tandis que chez nous, démocrates, il est accessible à tous.

La comparaison nous devient alors beaucoup plus lourde à supporter.

Tous ceux d'entre nous qui, pendant nos dernières guerres, se sont trouvés en contact avec les officiers anglais, russes, autrichiens, s'accordent à leur reconnaître une instruction étendue : ils approfondissent le métier, ils s'adonnent aux sciences, ils connaissent les langues anciennes, plusieurs langues modernes et surtout la nôtre.

Et nous?

Nous distinguons deux espèces d'instruction pour les officiers : 1° — l'instruction générale, dite aussi instruction première qu'on acquiert ordinairement au commencement de la vie dans les écoles civiles, pensions, colléges, etc. ; — 2° l'instruction spéciale relative au métier militaire qu'on peut restreindre à être encore plus particulière à l'arme dont on fait partie : Infanterie, Cavalerie, Génie, Artillerie, Administration.

***

Instruction générale.

Dans une circulaire du 16 novembre 1852, le Ministre dit textuellement : « C'est avec de vifs regrets que j'ai « constaté, par des rapports particuliers de l'Inspection « générale, qu'un grand nombre de sous-officiers candi- « dats au grade de sous-lieutenant étaient, sous le rap- « port de l'instruction générale, au-dessous de la posi- « tion militaire et sociale à laquelle ils aspirent. »

L'instruction première, il faut bien le reconnaître, manque trop généralement parmi les officiers qui ne sortent pas de Saint Cyr. Il faut renoncer à acquérir cette instruction, base de toute carrière intelligente, alors qu'on fait partie de l'armée active. Les natures d'élite assez fortes, assez tenaces pour travailler ainsi après coup et au milieu d'un autre apprentissage, à meubler et agrandir leur intelligence, sont très rares ; le soin qu'on pourrait prendre à les rechercher et à les citer, ne montrerait que mieux combien c'est le petit nombre, l'exception.

Dès lors qu'on passe officier, on doit donc être suffisamment instruit des connaissances générales.

Quel est le degré d'instruction qu'on doit raisonnablement exiger d'un officier ? — Faut-il absolument être bachelier pour bien conduire une troupe ?

On arrivera avec raison à cette exigence dans un temps qui n'est peut-être pas bien éloigné. On exige bien le baccalauréat de gens destinés à des carrières où la responsabilité est bien moindre que dans notre métier.

Quelle est la lourdeur de la charge incombant à un médecin qui veille au chevet d'un malade; qui peut abandonner, souvent pour le mieux, ce malade aux seules forces de la nature ; qui peut toujours être secondé de conseils et d'encouragements ; — quelle est cette responsabilité comparée à celle d'un simple sous-lieutenant ayant à sa suite non plus la vie d'un seul homme, mais de trente hommes que son ignorance conduit à un trépas certain ; obligé de trouver en lui seul une résolution soudaine dont dépend sa vie et celle de sa troupe ; dont dépend quelquefois la surprise d'une armée tout entière, le sort d'une bataille et la ruine d'un pays ?

Croit-on qu'on doive exiger trop de jugement, trop de connaissances d'un homme sur lequel reposent de si graves intérêts.

« Si, dans la carrière des armes, la vigueur corporelle
« est une qualité essentielle, l'utilité de l'instruction des
« officiers n'est pas moins évidente. Ce n'est pas en se
« fiant à la seule vigueur physique qu'un officier satisfe-
« rait à toutes les exigences d'une profession où surgis-
« sent subitement le plus de difficultés imprévues. Le
« métier des armes est celui qui veut le plus d'universa-
« lité, d'à-propos et de coup-d'œil, dans l'intérêt de l'E-
« tat, des subordonnés et des commandants. En cam-
« pagne, les officiers abandonnés souvent à leur propre
« intelligence, contraints de régler leur conduite sur des
« circonstances neuves pour eux, d'agir sur des localités
« inaperçues ou inconnues, d'exercer leur autorité sur
« des hommes qui hésitent ou se rebutent, — se dis-
« tingueront par l'à-propos des résolutions ou commet-

« tront les bévues les plus préjudiciables à l'armée ; leur
« rôle est bien critique, si des méditations sérieuses,
« l'expérience qui trempe l'âme, l'étude de la petite
« guerre, ne les ont familiarisés avec les chances qui
« contrecarreraient leurs opérations et avec les ressour-
« ces qui en assureraient la réussite. » (Bardin, 4130.)

Éléments qui composent l'ustruction générale.

Mais enfin, à défaut du diplôme de bachelier et en
attendant qu'il soit exigé de quiconque aspirera à l'épaulette, voyons rapidement quelles sont les connaissances
sur lesquelles on devrait le plus s'appesantir.

La *langue maternelle* doit être connue imperturba-
blement. Les *langues anciennes* nous seraient aussi bien
utiles ; n'est-ce pas dans Polybe et Xénophon que nous
apprendrions la science du cheval et de la Cavalerie
comme on la comprenait chez les Grecs et les Perses ?—
dans César, Vegèce, que nous connaîtrions l'art militaire
des Romains ? — La *langue allemande* est celle des *langues
vivantes* que nous devrions tous savoir, non seulement
parce que c'est celle des pays où la Cavalerie française
sera plus particulièrement appelée à faire la guerre, mais
encore parce que c'est la langue qui renferme peut-être
le plus grand nombre d'œuvres militaires sérieuses surtout pour notre arme.

L'*histoire*, voilà surtout ce qui forme à un homme
intelligent un fonds d'instruction des plus brillants et des
plus utiles ; tout naturellement, la *géographie* sera connue
de celui qui aura bien et beaucoup étudié l'histoire.

Certaines parties des *sciences exactes* nous sont absolument indispensables : celles qui nous servent en topographie, en mécanique animale, en administration, en
fortification, science des camps.

Le *droit français* ne devrait-il pas nous être connu
puisque nous sommes appelés à siéger dans les conseils
de guerre ? Et le droit international, et le droit des gens
à la guerre ?

Toutes les *sciences naturelles* trouvent chez nous des

applications et nous les ignorons presque toutes : l'anatomie, la physiologie du cheval, l'hygiène, la médecine humaine, la vétérinaire, la botanique, etc.

On ne peut évidemment exiger de nous la possession approfondie de toutes ces connaissances ; quelques-unes seulement doivent être parfaitement connues ; quant aux autres, il ne serait nécessaire d'en avoir qu'une idée assez complète pour recevoir avec fruit les enseignements spéciaux qu'on en donne dans notre métier, les applications particulières qu'on en fait. Il faut en posséder assez pour ne pas s'effrayer d'apprendre le reste.

Choses proposées.

Dès lors qu'on reconnaît la nécessité d'une réelle et solide instruction, dès lors qu'on reconnaît l'impossibilité d'acquérir cette instruction une fois qu'on est officier, il faut n'admettre à l'épaulette que des gens véritablement instruits des choses générales. Pour obtenir ce résultat, plusieurs moyens peuvent être indiqués : les uns qu'on pourrait appeler *organiques* nécessiteraient des modifications à notre mode actuel de faire des officiers ; d'autres ne seraient qu'une meilleure application de ce qui existe.

Si l'on pouvait ne recruter les officiers que dans les écoles, on aurait une garantie assez complète d'instruction ; mais, est-ce possible ?

Est-ce possible par le grand nombre d'officiers que l'école serait ainsi appelée à fournir ?

Est ce possible, en songeant que les sous officiers des régiments seraient ainsi privés de tout avancement ?

Quant à la première question, quelques chiffres y répondront. De 1852 à 1863, 12 ans, années de paix, années de guerre, années de formations et d'augmentations d'effectif pour la Cavalerie, il a été nommé dans notre arme 2,855 sous-lieutenants soit de l'école, soit des sous-officiers. Cela donne une moyenne annuelle de

238, moyenne évidemment exagérée puisqu'elle comprend des années de formation dont le retour doit se présenter assez rarement.

Nous avons actuellement 120 officiers suivant les cours de Cavalerie à Saint-Cyr et plus de 50 à Saumur chaque année tous sous-lieutenants ou futurs sous-lieutenants.

La question se résout donc à avoir 476 officiers en train de se former, au lieu d'en avoir 170.

Mais alors tous les sous-officiers seraient donc privés à tout jamais d'avancement ? — Non, pour ceux qui auraient l'instruction indispensable à un officier, si l'on recrutait l'école parmi les sous-officiers des régiments.

Un jeune homme sortant bourré de livres de La Flèche ou d'une autre école préparatoire, s'engagerait à 16 ans, resterait un an, deux ans même dans un régiment et y acquerrait cette instruction militaire de détails qui manque aujourd'hui aux officiers sortant de Saint-Cyr ; — il n'y perdrait d'ailleurs rien de ses connaissances classiques, maintenu en haleine comme il le serait par le concours d'admission ; au bout de deux ans de séjour à l'école, c'est-à-dire à 20 ans, cela ferait très certainement un bon sous-lieutenant de Cavalerie.

Tout cela paraît-il tellement impossible qu'on n'en puisse prévoir l'application ? Ce ne sera pas vouloir fermer l'armée à tous ; chacun pourra encore comme aujourd'hui sentir sous son habit le bâton du maréchalat. Seulement, chacun voudra s'en rendre digne par le travail et l'instruction, au grand bénéfice de notre arme.

Cette nouvelle manière de faire nous donnerait en outre l'avantage inappréciable de n'avoir plus de castes dans les régiments : les Saint-Cyriens et…. les autres.

Mais si l'on veut ne pas de sitôt appliquer une réforme si radicale, malgré son incontestable utilité, voici peut-être un moyen d'avoir des officiers instruits, sortant des rangs de la troupe.

Si nous avons aujourd'hui des officiers au-dessous de ce qu'ils devraient être en fait d'instruction, cela tient à ce qu'il n'y a pas de programmes des connaissances exigées, — que ces programmes sont mauvais, — ou qu'ils sont mis en oubli.

La loi du 14 avril 1832 sur l'avancement dit que pour être proposé pour sous-lieutenant, il faut avoir une bonne instruction première, de la capacité et de la fermeté ; l'Instruction du 28 mai 1845 recommande aux Inspecteurs-généraux la plus grande attention pour le choix de ces candidats, la bonne composition des cadres de l'armée dépendant essentiellement des nominations des sous-lieutenants. Les sous-officiers proposés doivent avoir l'instruction première indispensable aux fonctions qu'ils peuvent être appelés à remplir un jour. Les écoles régimentaires leur offrent les moyens d'acquérir cette instruction ; s'ils ne l'acquièrent pas, ils prouvent alors une incapacité qui ne permet pas d'en faire des officiers.

Cela ne forme pas un programme précis, mais il y en a un du 17 septembre 1853, très complet, très précis, très détaillé. Ce programme a été fait, il est vrai, pour les connaissances qui devaient être alors enseignées dans les écoles régimentaires ; mais les Instructions de chaque année aux Inspecteurs-généraux renvoyaient à ce programme pour les examens que doivent subir les sous-officiers proposés pour le grade de sous-lieutenant.

Ce programme comprend :

Grammaire française.	10	leçons.
Arithmétique.	14	—
Géométrie.	10	—
Administration militaire.	15	—
Géographie.	12	—
Histoire.	26	—
Fortification.	11	—
Etude des cartes.	3	—

On le voit, à part la fortification et l'administration militaire, études purement militaires, ce programme peut former un bon fonds d'examen, bien qu'il n'y ait pas d'études latines et celui qui saurait suffisamment les matières indiquées dans cette Instruction ministérielle, serait un officier très instruit.

Si nous avons un programme, si ce programme est bon, si les recommandations ministérielles sont pressantes, précises, pleines de sagesse et promettent de bons résultats ; — que cependant les résultats ne soient pas tous bons, c'est que dans la pratique on a mis en oubli les recommandations aussi bien que le programme.

Les colonels proposent les candidats, les Inspecteurs généraux les acceptent, le ministre les nomme.

Les colonels et les Inspecteurs seuls peuvent bien les apprécier puisque seuls ils les connaissent ou les voient de près.

Le remède à ce mal se trouve tout naturellement indiqué : le ministre n'a qu'à voir de près.

Il y a en France 63 régiments de Cavalerie ; chaque régiment propose 6 ou 8 candidats ; avec les écoles, les détachements, le surplus de la Garde, on peut compter sur un chiffre d'environ 550 candidats à examiner.

Une commission de trois membres, trois sous-lieutenants si l'on veut, trois capitaines ou trois généraux, mais à la dévotion du ministre, nommés par lui et opérant sous ses yeux, peut examiner très sûrement 30 ou 40 candidats dans une journée ; une session de 14 à 18 jours suffirait donc pour que le ministre fût sûr par lui-même, du choix qui doit donner à la Cavalerie des officiers capables et instruits.

La première année seule serait d'ailleurs plus difficile par le grand nombre des candidats. Le tableau des régiments est loin d'être épuisé chaque année et quand un sous-officier aurait été examiné sous les yeux du ministre et qu'il se trouverait maintenu sur le tableau d'avancement, il n'aurait pas besoin d'être vu une seconde fois. On peut prendre comme base du nombre de candidats à examiner, la moyenne annuelle des officiers nommés ; cette moyenne est de 238 sur lesquels il faut diminuer 50 élèves sortant de Saint-Cyr ; cela donnerait un chiffre d'au plus 188 candidats à examiner.

Quant à la question de déplacement et de frais de voyage, elle est peu sérieuse : chaque sous-officier obtiendrait de son corps une permission de quelques jours avec solde entière pour venir à Paris ; la Commission réglerait les jours d'examen pour chaque corps de manière à n'exiger des sous-officiers leur présence à Paris que le temps strictement nécessaire. Cela est donc possible sans frais et sans embarras.

L'avancement des corps en campagne ou dans des pays très éloignés étant soumis à des règles particulières, les sous-officiers de ces corps seraient l'objet d'examens sur place, ordonnés dans des conditions analogues.

C'est ainsi que cela s'opère pour les capitaines proposés pour l'emploi de major ; — et il faut convenir que pour accorder le grade d'officier, on peut bien exiger d'aussi sérieuses garanties, que pour accorder un emploi particulier à celui qui est déjà officier.

C'est donc parce qu'on le veut bien qu'il se trouve encore de notre temps des officiers trop peu instruits.

Ce degré d'instruction une fois obtenu par le recrutement des officiers, devrait être entretenu, augmenté même par les applications spéciales du métier, par le goût des livres, l'obligation des cours, l'existence de bibliothèques, etc., comme il va être indiqué à propos de l'instruction dite militaire.

Instruction militaire.

Éléments qui la composent.

Il n'y a pas, pour notre instruction militaire, de programme bien défini ; cela paraît difficile, en effet, de restreindre les connaissances pour un art qui les exige presque toutes. On dit seulement dans nos règlements que nous devons posséder au plus haut degré l'instruction théorique et pratique.

Les *Bases de l'Instruction* disent que les théories d'officiers comprennent les cinq titres de l'Ordonnance du 6 décembre 1829 sur les exercices et les évolutions, et tous les règlements qui déterminent le devoir des officiers dans les diverses positions soit en paix, soit en guerre.

Quelques-uns de ces règlements sont : l'ordonnance du 2 novembre 1833 sur le service intérieur, — le décret du 13 octobre 1863 sur le service des places, — l'ordonnance du 3 mai 1832 sur le service des armées en campagne, — le code de justice militaire du 9 juin 1857, — l'ordonnance du 10 mai 1844 sur l'administration, — les règlements particuliers sur la solde, l'armement, le casernement, etc., etc.

Mais si considérable que soit cette législation, elle serait insuffisante à compléter l'instruction de l'officier de Cavalerie ; l'étude du cheval embrasse un grand nombre de connaissances qui nous sont indispensables, l'hippologie, l'équitation, tout ce qui traite du harnachement, la production du cheval et des fourrages.

« Le véritable officier, dit aussi le général de Brack,
« doit se rapprocher des hommes qui peuvent l'instruire,
« visiter les infirmeries à l'instant des visites journalières
« des médecins et des vétérinaires, voir chez les maîtres
« ouvriers comment se confectionnent ou se réparent le
« harnachement, l'habillement, la chaussure, l'arme-
« ment ; sans fausse honte, mettre lui-même la main à
« l'œuvre. » (Page 34.)

En donnant donc un programme des connaissances militaires indispensables à l'officier de Cavalerie, on ne peut pas prétendre borner le cercle de ces connaissances ; un officier ne saura jamais rien de trop et il aura toujours à apprendre quelque chose d'utile. Comme les connaissances théoriques s'apprennent dans les livres, le programme ne serait autre chose qu'un catalogue de bibliothèque.

Choses proposées.

Pour développer et entretenir une instruction militaire convenable chez les officiers, indiquons plusieurs moyens.

Le premier serait évidemment de multiplier et rendre obligatoires des cours théoriques faits dans chaque régiment ou dans chaque garnison où se trouvent réunis plusieurs régiments.

Mais pour cela il faudrait que les obligations de l'officier fussent comprises autrement qu'aujourd'hui et par lui-même et par ceux qui le commandent.

Il n'est pas de carrière où l'on n'ait rien à faire comme dans la nôtre, quand on veut ; et nous connaissons des exemples trop nombreux d'officiers qui passent leur vie absolument inoccupés.

Quelle est donc l'administration civile où les employés, — « je dis les plus huppés » — n'ont pas au moins six heures d'occupation par jour. Si des gens arrivés au sommet de la hiérarchie sociale, employés, artistes, jurisconsultes, sénateurs, ministres même, si toutes ces sommités s'occupent longuement chaque jour pour la rémunération qui leur est allouée, pourquoi nous qui sommes jeunes et, comme tous, rémunérés, pourquoi voudrions-nous donc échapper à cette obligation du travail, passer notre existence dans un *far niente* perpétuel.

On objectera de grands mots : il ne faut pas, dira-t-on, assimiler l'officier à un homme de bureau ; l'officier risque sa vie tandis que le bureaucrate gagne sans dangers ses appointements dans un cabinet bien chauffé.

Répondons :

Assurément lorsque l'officier se trouve devant Sébastopol ou Mexico, ce n'est guère le moment pour lui de s'occuper d'études théoriques, même pendant une heure par jour ; les fatigues corporelles, les douleurs de l'éloignement, les inquiétudes, les insomnies sont des causes d'épuisement trop grandes pour qu'on ne lui laisse pas, au contraire, le plus de repos qu'il lui sera possible d'en trouver au milieu des accidents de la guerre.

Mais enfin, quand la guerre n'est pas commencée, quand elle est finie, lorsque l'officier est bien remis de ses fatigues, au bout d'un mois, trois mois, six mois de garnison en France, ne rentre-t-il pas dans la grande catégorie de ceux qui donnent à l'Etat leurs facultés et leur temps moyennant solde ? L'officier n'est-il pas, au contraire, des plus favorisés, puisque ses occupations sont agréablement variées de travaux corporels et de travaux intellectuels ; et peut-on citer beaucoup de positions dans l'organisation sociale où l'on puisse s'occuper d'une façon plus favorable à la conservation de toutes les facultés ?

Veut-on dire que je ne vois du *métier* que le cô'é prosaïque, le côté matériel, sans tenir compte des nobles sentiments qui portent des officiers à servir en vue de la seule gloire ? — Au contraire, je tiens pour vraies ces belles aspirations, car c'est pour mettre l'officier plus à même de s'illustrer, que je le voudrais voir préparé à toutes les éventualités.

Qu'est-ce que l'Etat demande à l'officier ? — Qu'il s'instruise, qu'il acquière, qu'il grandisse sa valeur afin qu'il puisse lui être accordé de nouvelles distinctions, de nouvelles faveurs.

Serait bien indigne d'être officier celui qui refuserait de s'assujétir à de si justes obligations.

Si l'officier de Cavalerie doit être occupé au moins six heures tous les jours, voici comment on pourrait répartir son temps :

1° — Pour sa propre instruction un cours théorique de deux heures et une séance à cheval de pareille durée.

2° — Pour l'instruction de la troupe, un cours théorique ou pratique de deux heures.

La séance à cheval des officiers pourrait souvent être confondue avec celle de la troupe, mais de façon que, toujours, l'officier ait deux heures de cheval obligatoires au moins par jour.

Il n'est pas question ici seulement des lieutenants et sous-lieutenants ; il s'agit de *tous* les officiers ; — quiconque ne pourrait plus suivre, à ce métier là, ne serait évidemment plus apte à rester officier de Cavalerie.

Voici sur quelles matières pourraient être faits les cours théoriques des officiers :

1° — Administration des escadrons, du corps, par un capitaine commandant et successivement les capitaines comptables ou le major ; — service intérieur et service des places ; — code de justice militaire, par les adjudants-majors.

2° — Hippologie, botanique, ferrure, écuries, etc., par le vétérinaire.

3° — Tactique de l'arme, tactique des autres armes ; — armées et tactique des nations étrangères, par le capitaine d'Etat-major ou le capitaine-instructeur.

4° — Médecine, hygiène, alternativement par le médecin ou le vétérinaire.

5° — Ordonnances sur les exercices et évolutions, par le capitaine-instructeur.

6° — Etude des guerres nationales, service des armées en campagne, topographie, fortification, par l'officier d'Etat-major.

Les professeurs manqueraient tout d'abord peut-être pour ces cours théoriques, mais ils se formeraient bien vite,—mais il s'en formerait bien vite parmi les élèves ou auditeurs.

Les cours théoriques doivent être faits pour tout le monde, non de ces cours consacrés à des interrogations ou récitations souvent gênantes et qui tendent à déconsidérer, mais des cours où le professeur professe réellement. Les auditeurs pourraient être admis, sur leur demande, à prendre la parole pour traiter une question spéciale qu'ils auraient approfondie, ou pour éclaircir un point de l'enseignement resté douteux. Moins de morgue enfin que de nos jours et plus de savoir.

Quand plusieurs régiments se trouvent réunis, quand surtout plusieurs armes se trouvent en contact comme à Paris, Lyon, Versailles, Lunéville, Metz, Châlons, etc., ne serait-il pas énormément intéressant, instructif et profitable pour la science militaire, de réunir, à certains jours, tous les officiers pour traiter et éclairer une question du métier, une de ces questions sur lesquelles on ne fait actuellement que de bruyants paradoxes en fumant son cigarre au café ? — Mettre à contribution les lumières de chacun, mettre en évidence les studieux et les instruits, n'est-ce donc pas désirable ?

Et si l'on disait que plusieurs de ces cours sont prescrits, qu'on doit faire des *conférences* sur les sujets les plus importants du métier, et que cela ne se fait pas, — le croirait-on ?

Cela démontre qu'il ne suffit pas de donner les ordres les meilleurs ; il faut être sûr qu'ils sont exécutés. Pourquoi n'avoir pas les *missi dominici* du Grand Charles, des Inspecteurs permanents, ambulants qui arriveraient inattendus plusieurs fois dans le cours de l'année, dans l'intervalle des inspections générales ?

Ici encore, l'action supérieure n'est pas assez immédiate, pas assez sentie.

Notre instruction militaire pourrait donc prendre un développement facile à prévoir ; il serait judicieux de n'en pas gêner l'essor, mais, au contraire, d'en faciliter l'extension et l'expansion. Des questions données fréquemment à traiter dans les corps, seraient un moyen sûr de perfectionner les modes d'étude et, finalement, devraient faire progresser notre arme d'une façon sérieuse.

La publication des œuvres des militaires devrait être encouragée le plus possible. Par suite d'habitudes de déférence, de discipline, plus encore qu'en vertu de lois écrites, aucun militaire ne peut aujourd'hui faire la moindre publication sans l'autorisation ministérielle ; les sujets tout-à-fait spéciaux, des questions d'équitation, d'hygiène, doivent être soumises préalablement à l'approbation complètement supérieure. Un peu de décentralisation à ce sujet, ne menacerait en rien assurément la base de l'édifice social. Du moment qu'un chef de corps, par exemple, aurait pris connaissance du travail que voudrait publier un officier sous ses ordres, ne pourrait-il prendre la responsabilité d'une autorisation ?

Ces autorisations, bien entendu, n'impliquent jamais la solidarité des idées de celui qui autorise : l'auteur reste seul responsable de son œuvre.

Beaucoup des idées émises avec cette latitude seront peut-être imparfaites, erronées même : qu'importe ; leur apparition aura justement pour conséquence de faire surgir les idées opposées, les idées bonnes ou plus complètes. Il pourra alors y avoir discussion sérieuse et profitable.

Il est bien évident que ces questions, soumises à un

public militaire nombreux, ne pourraient en aucune circonstance traiter de personnalités, et surtout de personnalités de la hiérarchie ascendante.

A la suite des travaux des officiers, trouverait place, tout naturellement, une publication périodique spéciale à notre arme et qui s'alimenterait souvent de ces travaux; toutes les applications des connaissances humaines ont un écho; tout récemment les vétérinaires militaires ont créé par eux-mêmes un journal mensuel qui leur est en même temps une tribune et une bibliothèque.

De là aux bibliothèques militaires, il n'y a qu'un pas; cette institution a été si fréquemment conseillée qu'on ne peut guère ici que se reporter aux œuvres nombreuses qui en démontrent l'indispensabilité.

C'est une question qui ne reste à étudier qu'au point de vue de la mise à exécution; nous voudrions une bibliothèque militaire dans chaque garnison — si petite fût la garnison — proportionnée au nombre des lecteurs qui pourraient la fréquenter et spécialisée aux diverses armes.

En attendant que les bibliothèques fussent instituées, au moins devrait-on laisser aux officiers le moyen de posséder des livres; ce qui empêche actuellement d'en avoir à soi, ce sont les frais de transport à chaque changement de garnison.

Une décision ministérielle du 6 décembre 1852, dit bien, il est vrai :

« A dater de ce jour, chaque corps, lors de son déplace-
« ment, aura droit, en sus du matériel des écoles régimen-
« taires, à 200 kilog. pour le transport des livres apparte-
« nant aux officiers. »

Mais ce chiffre de 200 kilog. est trop restreint et se trouve rempli, le plus souvent, par des objets d'autre nature appartenant à quelques-uns des rares officiers qui ont connaissance de cette faculté. De plus, la mesure ne s'applique pas aux déplacements individuels.

Le transport absolument gratuit d'une caisse de livres

aux quelques officiers qui en profiteraient, comme on le fait pour les médecins, ne serait pas une bien lourde dépense pour la masse générale d'entretien, et cela permettrait à ces officiers de ne pas voir le prix des ouvrages qu'ils possèdent, plus que doublé au bout de peu d'années.

Résumé.

Résumons en quelques mots, si c'est possible, cette grande et importante question de l'instruction des officiers :

Il est évident qu'on ne trouve pas assez généralement l'instruction première qui serait nécessaire aux officiers ;

Pour avoir des officiers instruits, il faut n'admettre dans les corps que ceux qui le seraient suffisamment ;

A défaut du recrutement des officiers dans l'école de Saint-Cyr, — du recrutement de l'école dans les sous-officiers des corps, réclamons l'exécution plus complète des instructions ministérielles relatives aux examens des sous-officiers proposés pour sous-lieutenants ;

Les examens pourraient et devraient être contrôlés à Paris, et l'admission des candidats n'être définitive au tableau d'avancement que lorsque le ministre aurait jugé par une commission agissant sous ses yeux.

L'instruction militaire spéciale, devrait être exigée plus complète et professée sur de larges bases ; — multiplier les cours théoriques, instituer des conférences, donner fréquemment à tous les officiers des questions spéciales à traiter, favoriser la publication des travaux purement militaires des officiers, instituer peut-être un *journal de la Cavalerie*, créer des bibliothèques militaires dans chaque garnison, accorder aux officiers le transport gratuit des livres qu'ils possèdent : — voilà les différents moyens qui pourraient augmenter la somme de nos connaissances et procurer à notre arme plus de chances de force et de progrès.

DE L'INSTRUCTION DES CAVALIERS.

—

La Cavalerie doit être très instruite.

« La Cavalerie a besoin d'être plus instruite que l'In-
« fanterie, a dit Napoléon. » (Montholon, tome 1er,
page 260.)

Peut-être doit-on même comprendre que son instruction a besoin d'être plus achevée que celle des armes di-
tes *savantes;* la Cavalerie, en effet, se sert d'un instrument tout particulier le *cheval,* ayant une volonté, de
l'intelligence, des passions; il y a donc là un genre d'é-
tudes dont la nécessité n'existe pas pour l'Artillerie ni le
Génie. Dans ces deux armes où l'on opère toujours avec
des instruments matériels inertes, ce sont les officiers
surtout, on pourrait dire presque que ce sont les officiers
seulement qui doivent posséder une science spéciale
très approfondie ; « dans la Cavalerie, de longues études
« ne sont pas moins indispensables à la classe qui obéit
« qu'à la classe qui commande. » (Bardin, 2,900.)

L'instruction de nos cavaliers est-elle portée au degré
désirable, au degré possible ? — Ne pourrait-on pas en
étendre certaines parties trop peu suivies et plus particulièrement indispensables à la guerre ?

L'instruction, dans la Cavalerie, se divise en deux pé-
riodes bien distinctes :

1° — L'instruction des recrues ;
2° — L'instruction d'escadron.

L'instruction des recrues est donnée aux hommes de
nouvelle levée pour les mettre en état d'être admis à l'é-
cole de l'escadron, en état de recevoir fructueusement
la seconde espèce d'instruction.

L'instruction initiale prépare les recrues aux manœuvres et aux marches ; l'instruction complémentaire se relie à la première en achevant la science des manœuvres et des marches et prépare les cavaliersà camper, bivouaquer et combattre.

Instruction des recrues.

Cette instruction est donnée dans chaque régiment de Cavalerie sous la direction du capitaine-instructeur, par des officiers, sous-officiers et brigadiers choisis.

Elle comprend :

L'école du cavalier, à pied et à cheval,
L'école du peloton, à pied et à cheval,
Un peu de voltige élémentaire,
Les exercices du travail individuel.

Gymnastique

Un exercice préparatoire trop négligé, c'est la gymnastique ; il est certain qu'on pourrait cependant appliquer chez nous, très fructueusement une bonne partie de l'Instruction du 24 avril 1846 destinée à l'Infanterie et notamment les n°s 8 à 21 du titre II. On ne s'imagine pas combien le temps employé à dégourdir ainsi nos hommes, est amplement regagné par la rapidité de leurs progrès dans la suite de l'instruction.

Des essais partiels ont pu être tentés dans quelques corps de Cavalerie, mais c'est une mesure à généraliser, à ordonner.

Voltige.

La voltige, dans l'instruction des recrues, n'est que la continuation des exercices de gymnastique ; elle devrait être pratiquée le plus largement.

Écoles du cavalier et du peloton.

La plus importante des subdivisions de l'instruction initiale est, sans contredit, l'école du cavalier à cheval, dans laquelle l'homme de la Cavalerie se met en rapport avec l'instrument principal dont il aura à faire usage.

Les principes donnés dans cette école, destinés à apprendre au cavalier à se tenir à cheval et à conduire sa monture, doivent influer sur toute la vie militaire, faire de nos soldats de bons ou de médiocres cavaliers.

Telle qu'elle est rédigée dans l'Ordonnance de 1829, cette école passe pour réunir les meilleures leçons d'équitation résumées de tous les écuyers célèbres qui ont précédé ; il ne s'agit donc que d'en assurer la démonstration, la transmission complète et intelligente, par les instructeurs, aux hommes de recrue pour faire de ceux-ci de bons cavaliers.

La 1ʳᵉ leçon à cheval est celle qui frappe le plus l'intelligence des élèves et celle qui doit y laisser les traces les plus durables ; — cela se comprend par la nouveauté des premiers principes d'équitation qu'y reçoivent les recrues ; ces principes sont aussi des plus importants de la science équestre puisqu'ils sont relatifs à la tenue et à la conduite.

Cependant, par une contradiction d'idées assez peu compréhensible, ce sont les moins expérimentés, les moins instruits d'entre les instructeurs qui sont appelés à donner ces premières notions : ce sont les brigadiers et les élèves-brigadiers. Il y a là, évidemment un vice radical pour notre instruction ; ce devraient être les officiers exclusivement qui fussent appelés à donner ces premières idées du cheval aux hommes de recrue.

Théories préparatoires.

On devrait comprendre dans l'instruction des recrues, une théorie quotidienne, ne serait-ce que d'une heure, destinée à préparer le travail pratique du soir ou du lendemain. Là, dans des explications sous forme de conversation, répétées autant de fois que l'exigerait l'intelligence de chaque élève, sans éclat de voix, sans bruit, on dirait aux recrues l'usage des mains et des jambes ; l'effet du mors, des jambes, de l'éperon ; chaque homme comprendrait, avant de les faire exécuter à son cheval, tous les mouvements de l'Ordonnance ; on éviterait ainsi les malentendus, les à-coups.

On a obtenu avec cette théorie préparatoire, dont l'idée a été puisée dans la méthode de dressage de M. de Lancosme-Brèves, les meilleurs et les plus rapides résultats.

Il y aurait encore, de cette façon, l'avantage de mettre les élèves dans un rapport plus complet avec leur instructeur ; ils apprendraient à mieux comprendre, à deviner sa pensée, ce dont profiterait grandement leur instruction. D'autre part, l'officier connaîtrait plus promptement et plus sûrement les recrues ; il jugerait mieux du degré de leur instruction première, de leur intelligence, de l'avenir qu'ils peuvent espérer.

On néglige trop la précieuse ressource des interrogations à faire aux recrues ; l'ordonnance prescrit cependant de profiter des repos pour cela : si cela se faisait, ce ne serait pas encore assez ; on devrait aussi employer à cette instruction le trajet parfois si long du quartier au terrain de manœuvres et retour. Ce serait la meilleure manière d'obliger les élèves à se rendre compte à eux-mêmes des choses enseignées et à se les remémorer.

Paquetage.

Le paquetage est une instruction que l'on donne aux recrues presque immédiatement après leur arrivée, mais dans l'intérieur des escadrons et sous la direction des capitaines-commandants.

Il y aurait avantage à faire apprendre cette partie importante du métier sous l'impulsion unique du capitaine-instructeur ; on y gagnerait au moins de l'uniformité.

Mais il faudrait pour cela qu'il y eût une manière arrêtée et écrite de placer les effets ; — or, il est aisé de se convaincre que, actuellement, le paquetage diffère non-seulement d'un régiment à l'autre de même sous-arme, non-seulement d'un escadron à l'autre du même régiment, mais encore d'un peloton à l'autre, d'un cavalier même à ses camarades de chambrée.

Si l'on réfléchit à l'importance d'un placement régulier et intelligent des effets sur le cheval ; — si l'on considère que c'est, la plupart du temps, la négligence apportée à ce placement qui occasionne en route ou en campagne ces longues colonnes de chevaux indisponibles ; — si l'on songe combien il serait aisé de prescrire, pour chaque sous-arme un mode uniforme de paqueter, on regrettera qu'on ait ainsi abandonné à la fantaisie de chaque corps, de chaque officier une opération qui intéresse à un aussi haut degré la conservation du cheval.

Grands dépôts.

L'instruction des recrues pourrait gagner considérablement en perfection, en rapidité, en uniformité, par l'établissement de grands dépôts de Cavalerie où seraient exercés les hommes de nouvelle levée de plusieurs départements environnants, avant d'être dirigés sur leurs régiments.

Ce qui se fait actuellement pour la réserve, donne l'idée de ce qui pourrait être fait pour la première portion des contingents.

Un essai à tenter en grand dans ces dépôts de Cavalerie, et dont, pour nous, la réussite n'est pas douteuse, ce serait d'instruire simultanément les recrues et les jeunes chevaux.

Instruction d'escadron.

Cette instruction est le complément important et indispensable de la première ; elle forme définitivement des soldats en vue de la guerre.

Elle comprend de nombreux exercices, des soins multipliés, des habitudes, des connaissances essentielles.

Nous examinerons successivement *quelques-unes seu-lement* des subdivisions du sujet.

Multiplier les séances d'instruction.

Nos cavaliers ignorent un grand nombre des choses qu'ils devraient savoir ; les règles de l'hygiène pour eux et leurs chevaux pourraient leur être enseignées plus complètement. Les divers exercices de détail, si nombreux qu'ils soient, sont trop importants dans notre arme pour qu'il soit jamais impuni de les négliger.

On se plaint généralement de ce qu'il faut beaucoup de temps pour instruire la Cavalerie : cette plainte paraîtra mal fondée si l'on songe, si l'on constate que, le quart à peine du nombre de nos journées, on s'occupe d'instruction.

Instruisons nos cavaliers chaque jour, trois cents fois par année au lieu d'une fois, deux fois au plus par semaine, et nous aurons évidemment, au bout d'un temps plus court, une somme de connaissances plus considérable.

Au lieu de trois ou quatre ans pour former un homme achevé dans la Cavalerie, il ne nous faudrait alors qu'une année.

On a entendu dire que cette lenteur est utile et qu'il y a des choses qui ne s'apprennent bien qu'avec la longueur du temps. — Il y a des choses qui ne s'apprennent que par l'expérience, c'est vrai ; mais cette expérience consiste à exécuter, plusieurs fois s'il le faut, les choses à apprendre, et non à exécuter indéfiniment les mêmes choses inutiles.

Que l'on prenne un cavalier ayant sept années de service, mais n'ayant jamais fait campagne, n'ayant jamais vu de camp, n'ayant jamais fait de route même — on en a vu beaucoup — et qu'on le compare à un recrue d'un an seulement ayant passé partout.

D'ailleurs, on ne voit guère quels sont les secrets du métier qu'on ne puisse apprendre en une année bien occupée et pour lesquels il faudrait trois ou quatre ans.

D'autre part, nous savons tous que plus nos hommes sont occupés, mieux ils se portent et moins ils ont de temps et d'occasions de se livrer au désordre ou à la boisson. Un tableau de travail bien réglé peut être fortement rempli sans être écrasant, sans être impossible.

Supprimer les occupations inutiles.

Dans le but de laisser le plus de temps possible à l'instruction de nos cavaliers, nous voudrions voir supprimer tout ce qui est sans utilité bien marquée dans le service journalier.

Nous voudrions voir supprimer cette promenade dite hygiénique que l'on fait faire aux chevaux et qui est la cause du plus grand nombre des accidents arrivant soit aux cavaliers, soit aux chevaux.

Le but du métier est de préparer l'homme à faire la guerre : est-ce en vue de cette destination qu'on fait faire si fréquemment aux hommes de notre arme des promenades d'une heure ou deux, au pas, sans armes, les chevaux non sellés ?

L'instruction proprement dite devrait comprendre six séances par semaine, ce qui amènerait trois cents séances par année ; — tandis que, actuellement, sous prétexte de ces inutiles promenades, nous en avons à peine le quart.

Qu'on emploie le temps des promenades au travail d'instruction individuelle ou d'ensemble, qu'on l'emploie à envoyer chaque chef de peloton isolément avec sa troupe comme le souhaite M. Wachter (*Aperçus équestres*, page 263), qu'importe, pourvu qu'on s'instruise au lieu de ne rien faire.

On s'est demandé souvent, aussi, à quoi sert le poste de la garde de police établi dans chaque quartier.

Quand une querelle se présente entre soldats, dans nos casernes, ce n'est qu'exceptionnellement qu'on a recours à la garde pour séparer les combattants ; quand un homme ivre trouble le repos de ses camarades, c'est à ceux-ci bien mieux qu'à la garde, qu'il appartient de le calmer ou de le conduire à la salle de police. Il est notoire partout que deux ou trois vigoureux de nos jeunes gens en tenue de chambrée, viennent à bout d'un camarade récalcitrant, bien plus aisément que quatre hommes armés ; ces mots *emploi de la garde* n'ont donc pour résultat dans ces circonstances, que d'augmenter, aux yeux du juge, la faute du coupable et même quelquefois de provoquer à une faute nouvelle : *rébellion contre la garde.*

Il vaudrait mieux réprimer les fautes d'intérieur sans le secours de la garde de police.

Quant à la police extérieure, il semble qu'elle doive appartenir, dans les cas ordinaires, bien plus aux agents municipaux, à la gendarmerie ou à la garde nationale, qu'à l'armée.

Quand il y a un sinistre ou de graves désordres, on commande des troupes et l'on n'a pas recours à la garde de police qui serait d'ailleurs insuffisante.

Il ne faut pas compter que les factionnaires de nuit empêchent leurs camarades de s'échapper du quartier ; il est arrivé souvent, au contraire, que ces mêmes factionnaires ont facilité l'évasion ou la rentrée furtive des délinquants. On a trop peur que nos soldats se sauvent ; s'ils étaient occupés laborieusement tout le long du jour, ils profiteraient de leurs nuits pour prendre du repos plutôt que pour aller courir.

Si la garde de police était supprimée, comme cela est parfaitement faisable, le service dont elle s'occupe pourrait être réparti ainsi qu'il suit :

Un sous-officier de planton depuis le réveil jusqu'à la rentrée des permissionnaires, pour la surveillance de l'entrée du quartier.

Un brigadier de semaine chargé de la propreté du quartier et des soins aux prisonniers, sous l'œil de l'adjudant.

Enfin un service de sous-officiers commandés pour les rondes à exécuter et la surveillance générale du quartier pendant la nuit.

On pourrait encore demander la suppression des postes et sentinelles d'honneur.

« Cette vaine pompe était une des nécessités d'un

« gouvernement qui tenait des rois dans ses anticham-
« bres. Le service d'honneur est une des plus inutiles
« fatigues du métier ; il serait tout aussi honorable, plus
« facile, plus clair d'indiquer par une inscription le do-
« micile des dignitaires ; car il n'y a rien de moins mi-
« litaire, rien de moins rationel, que d'avoir un poste là
« où il n'y a pas utilité visible ou danger supposable. »
(BARDIN, 4,492, 2,831.)

En énumérant tous les cas nécessitant des sentinelles
inutiles, on trouverait peut-être qu'il ne faut rien moins
qu'une véritable armée pour y subvenir.

A quoi servent les postes des prisons ?

Ces établissements sont ou doivent être construits de
telle sorte que les détenus ne puissent s'évader. Les employés doivent assurer le service de surveillance par des
rondes fréquentes, mais ce n'est assurément pas le rôle de
l'armée. Quand une rebellion grave, une révolte se produit, il semble que les murailles et les grilles doivent être
assez puissantes pour résister jusqu'à l'arrivée d'une
troupe requise. Ce cas est extrêmement rare.

Enfin, s'il est besoin d'une force armée pour garder les
prisonniers, comme c'est un service municipal, il con-
viendrait bien plus en propre à la garde nationale.

A quoi servent les postes des magasins ?

Magasins de vivres, magasins à fourrages, magasins
de toutes les espèces de matériel militaire ou autre ; c'est
l'armée qui est le gardien de tout.

Cependant tous ces établissements ont un personnel
rétribué qui devrait suffire à la surveillance et à la protection dont ils ont peut-être besoin.

Les hôpitaux mêmes ont des postes.

Les postes établis aux portes des villes fortifiées sont
aussi, peut-être, de peu d'utilité surtout depuis que, en
vertu du décret du 13 octobre 1863 qui prescrit, art. 96,
de laisser les portes ouvertes, les fonctions de l'agent
spécial, le portier consigne, se trouvent considérablement allégées.

Tous les soldats ayant une nuit à passer hors du lit
sur trois ou quatre, il est facile de voir le grand nombre

d'hommes employés chaque jour à tout autre chose qu'au but unique qu'on devrait se proposer dans l'armée : instruire en vue de la guerre.

La suppression d'un grand nombre de postes, en soulageant énormément le service des troupes, permettrait de mieux employer les forces et le temps du soldat. Cela procurerait en outre au budget de la guerre une économie très notable de matériel, d'éclairage et de chauffage.

Exercices de campagne.

Dans les garnisons, les troupes de Cavalerie devraient être familiarisées avec les exercices de petite guerre.

Beaucoup de ces exercices seraient praticables en tout temps dans certaines villes qui possèdent de vastes terrains de manœuvres, telles que Versailles, Lyon, Lunéville, Châlons, etc.

On obtiendrait facilement pour cela, même des terrains appartenant à des particuliers.

On pourrait donc accoutumer les hommes à installer ou à lever un camp, à faire le service des grand'gardes, petits postes, vedettes, patrouilles, reconnaissances.

Des installations de plusieurs jours seraient possibles pendant la belle saison, soit sur les terres dont la récolte serait faite, soit, à toute époque, sur les terrains de manœuvres.

L'hygiène, l'instruction, la discipline ne pourraient que gagner à la pratique de ces exercices.

Le major Rottemburg proposait de faire abattre toutes les casernes afin que les troupes bivouaquent en temps de paix (Bardin, 1,054).

Le moyen paraîtra un peu énergique, mais les motifs qui le suggéraient ont du bon ; voici dans quelle mesure nous souhaiterions l'application de l'idée :

Toujours dans le but de préparer les hommes de la Cavalerie à ce qu'ils doivent faire en campagne, les changements de garnison devraient être de véritables marches de guerre.

Ces mouvements pourraient s'exécuter à la belle saison seulement, à l'automne par exemple, alors que les récoltes sont rentrées. Les colonnes s'installeraient chaque jour après l'étape, soit près, soit loin d'une localité, sur un terrain reconnu d'avance par les soins de l'officier devançant le régiment, qui se serait entendu avec l'autorité locale, et où seraient transportées les denrées nécessaires.

Quelques privations quelque gêne, apprendraient bien vite à nos soldats à avoir des précautions et les sortiraient de cette mauvaise habitude, à laquelle nous les avons trop accoutumés, de trouver partout tout préparé. Ils compteraient plus sur eux-mêmes et sauraient mieux comprendre que la nécessité est la mère de l'industrie.

Tir.

Il y a lieu de penser qu'en donnant à l'instruction du tir une place plus importante dans la Cavalerie, on en retirerait des avantages auxquels on refuse de croire actuellement.

On donne peu de soin au tir parce que, dit-on, les résultats en sont peu considérables : on devrait cependant aisément comprendre que ces résultats sont justement moindres, en raison du moindre soin apporté à les rechercher.

Que l'on veuille résolument une Cavalerie sachant se servir de son fusil, et il n'y a aucun doute que l'on n'y parvienne très facilement.

La peine que l'on se donnerait à instruire la Cavalerie à bien tirer, serait-elle compensée par des avantages suffisants ?

Sans aucun doute.

Actuellement surtout, on aura fréquemment besoin de faire parvenir loin et vite un grand nombre de feux. Cette vérité susceptible de développements considérables, mais condensée ici en deux lignes doit engager les puissances militaires européennes à avoir une Cavalerie nombreuse et instruite à tirer.

Cela formera pour le Général chef d'armée une puissante ressource, la seule ressource peut-être réellement décisive de nos jours.

Pour avoir des feux sûrs, dans la Cavalerie, il lui faut :
1° — Une bonne arme ;
2° — L'étude des principes de cette arme ;
3° — La pratique du tir.

La *bonne arme* existe, et très vraisemblablement la Cavalerie en sera pourvue dans un bref délai ; c'est le fusil 1866, se chargeant par la culasse. C'est le véritable fusil de la Cavalerie et, nous le répétons, c'est pour elle qu'il était le plus impérieusement réclamé, c'est pour elle qu'il fallait l'inventer.

« Le fusil à culasse mobile est indispensable à la Ca-
« valerie ; avec lui, elle sera susceptible d'avoir un feu
« nourri et assez redoutable, d'agir, par conséquent,
« sans l'appui immédiat de l'Infanterie ; d'exécuter à elle
« seule des expéditions lointaines où la rapidité de ses
« allures sera secondée par d'habiles tirailleurs. » (Colonel BONNEAU, page 15.)

Demandons seulement qu'on nous donne une arme légère ; tout autant que l'Infanterie, nous avons besoin de n'être pas surchargés de fer. Nous regretterions donc la réalisation du projet qui consisterait à nous laisser notre fusil actuel du calibre 17,2 transformé, au lieu du véritable chassepot du calibre 11.

Pour vulgariser l'*étude des principes*, il faudrait tout d'abord avoir des professeurs qui répandissent cette instruction dans nos régiments, comme cela s'opère dans les régiments d'Infanterie.

Il y aurait donc à envoyer aux cours de l'école de tir, des officiers de Cavalerie, comme on y envoie des officiers d'Infanterie, chaque année.

Ces officiers rapporteraient à leurs corps les connaissances théoriques qu'ils auraient acquises et les transmettraient au moyen de conférences faites à tous les officiers du régiment ; puis des cours aux sous-officiers et brigadiers, etc., absolument, comme dans l'Infanterie.

Il est extraordinaire que la Cavalerie, ayant depuis longtemps une arme à feu semblable en tous les points principaux à celle de l'Infanterie, n'ait pas eu comme l'Infanterie, des officiers de tir. Cela montre combien cette instruction a été abandonnée jusqu'ici.

Des principes actuellement enseignés nous voudrions voir disparaître ceux qui traitent de *la ligne de tir* et ceux qui font tirer à d'autres distances que le but en blanc.

La ligne de tir ne sert absolument à rien dans la pratique sinon à surcharger l'intelligence du tireur et souvent à l'embrouiller. Les deux seules lignes utiles à connaître, sont la *ligne de mire* et la *trajectoire*.

Il est très probable que si nos soldats étaient habitués à ne tirer qu'à une seule distance, celle du but en blanc, ils apprécieraient très exactement cette distance, et le tir gagnerait beaucoup en justesse.

La *pratique* du tir est aujourd'hui véritablement dérisoire dans nos régiments, ce qui ne doit pas étonner puisque les principes du tir ne sont enseignés que très imparfaitement et que, en outre, nos hommes tirent à grand'peine une douzaine de coups de fusil par année en deux ou trois séances, au moment des inspections générales ; ces séances n'offrent aucun résultat sérieux.

« C'est sans doute par suite de l'oubli des principes « du tir, qu'il convient de rappeler aux chefs de corps, « qu'il y a si peu de régiments qui, au moment de l'ins- « pection, soient en état d'exécuter convenablement le « tir à la cible. » (*Instruction ministérielle du 31 mai* 1851, art. 90.)

Pour que l'homme apprenne à connaître son arme, ses défauts et ses ressources, il faut qu'il s'en serve fréquemment, au moins une fois par semaine et assez longuement chaque fois pour qu'il y ait le temps de comprendre les causes d'irrégularité et les moyens de rectification. On pourrait ainsi obtenir toute la somme des bons résultats dont l'arme est susceptible.

Il faudrait donc compter sur une consommation de six cartouches au moins par séance, soit environ 300

par an ; avec le fusil chassepot, peut-être ce chiffre serait-il insuffisant.

Pour avoir des troupes rompues à l'habitude du tir, on
pourrait employer le moyen suivant :

Le plus ordinairement, les bâtiments affectés au loge-
ment des troupes couvrent une surface de terrain très
étendue, surtout dans un sens particulier que nous ap-
pellerons le sens de la plus grande longueur. Presque
partout dans les quartiers de Cavalerie, cette grande
longueur atteint plus de 3, 4 et même 500 mètres.

On pourrait établir dans ces grandes longueurs un tir
à la cible.

Ce qui rend difficiles et pénibles nos exercices, dans la
Cavalerie, c'est le long trajet que nous avons le plus
souvent à parcourir pour nous rendre sur le terrain. Dans
le travail à cheval, cet éloignement du champ de manœuvres ne peut-être que favorable à l'hygiène du cheval ; mais quand il s'agit d'y aller exécuter un travail à
pied, ce devient une corvée très réellement pénible.

En particulier, pour le tir à la cible, on choisit le plus
ordinairement un lieu retiré, situé à plusieurs kilomètres
de toute habitation, de sorte qu'au moment du tir, nos
hommes sont déjà harassés ; sans compter que c'est un
énorme temps perdu rien qu'à se fatiguer.

Le tir à la cible, à Verdun, est à 8 kilomètres des
casernes.

Avec un tir dans le quartier, au premier rayon de
beau temps, hiver comme été, on peut immédiatement
exercer une troupe au tir, peloton ou escadron.

De plus on pourrait donner à cette création une organisation telle que, à chaque moment du jour, toute l'année, dans les longs après-midi de l'été surtout, un ou
plusieurs cavaliers pussent, comme plaisir, comme dis-
traction, aller s'exercer au tir.

S'imagine-t-on combien pourraient ainsi se former
d'excellents tireurs.

On a vu établir dans les quartiers des jeux de quilles,
de boules, de ballons, en vue de procurer un salutaire
exercice gymnastique, une occupation aux hommes qui

préfèrent, dans leurs loisirs, ne pas aller courir dans les cabarets de la ville ; il ne serait donc pas étrange de chercher à employer d'une manière profitable, ces moments de récréation.

Déjà de son temps, le général Bardin demandait que le tir à la cible pût avoir lieu dans l'intérieur des casernes (page 1,055).

Il faut répondre tout de suite à une objection qui sera faite à une pareille institution : on craindra les accidents, l'incendie.

Quant aux incendies, on peut imaginer une sorte de boyau ou corridor qui empêche absolument toute diffusion des feux, flammèches, bourres, etc., de telle sorte qu'aucun danger ne puisse jamais être à redouter dans ce genre.

Les blessures ! on les redoute trop en vérité et l'on finira par rendre nos soldats plus craintifs que des lièvres pourchassés ; par les précautions qu'on leur fait prendre *contre* leur arme, ils ne s'en servent plus qu'avec appréhension et il n'est pas rare de trouver des jeunes gens qui, dans la crainte d'être dévisagés, après avoir visé, tournent la tête en arrière avant de tirer.

Les accidents sont comme les fautes : il faut en avoir eu, il faut en avoir fait pour apprendre à les éviter.

Les nombreux exercices de tir qui seraient nécessaires pour accoutumer nos hommes à leur arme, entraîneraient une consommation de cartouches bien plus considérable que par le passé.

Ce qui coûte cher à l'État, dans le tir à la cible, c'est surtout la perte du plomb. Ne pourrait-on pas éviter cette perte et par conséquent obtenir une économie marquée en adoptant des cibles en fonte épaisses et à demeure, comme dans la plupart des tirs particuliers ?

Il y aurait aussi de très importantes économies à réaliser en supprimant toutes les occasions de brûler de la poudre sans profit pour l'instruction, les saluts ou salves d'honneur, etc.

DONNER PLUS DE RAPIDITÉ
A LA CAVALERIE.

Il ne faut pas se dissimuler qu'une Cavalerie médiocre doit paraître à la nation qui l'entretiendrait une charge d'autant plus lourde, qu'étant très coûteuse, elle donne peu de résultats.

Mais, par contre, qu'elle soit bien instruite, pleine de confiance en soi, elle triomphera de tous les obstacles au prix d'elle-même ; — elle sera alors acclamée ; — loin de regretter les sacrifices, on sera tout prêt à en faire de nouveaux pour elle. Le recrutement en hommes et en chevaux lui sera toujours fourni abondamment ; elle sera entourée de soins pendant la guerre ; vivres, fourrages, équipement, rien ne lui manquera parce qu'on espèrera beaucoup d'elle.

Dans l'état actuel de l'art militaire, puisqu'il s'agit d'aller vite, ce rôle convient surtout à la Cavalerie ; elle doit donc avoir pour but principal cet élément, le plus important de sa tactique, *la vitesse*.

Ce que nous voulons de nos chevaux c'est qu'ils puissent faire chaque jour aux diverses allures une étape de 30 ou 40 kilomètres et qu'ils présentent assez de moyens pour fournir, en outre, au moins une course de 3,000 mètres à raison de 600 mètres par minute.

Pour donner à nos chevaux le moyen de marcher plus vite et plus longuement, plusieurs mesures peuvent être prises, se rapportant à divers ordres d'idées, savoir :

1° A l'espèce des chevaux ;

2° A leur nourriture ;

3° A leur dressage ;

4° Enfin à l'équipement de l'homme et du cheval.

Amélioration de l'espèce des chevaux.

Les trois sortes de Cavalerie sont remontées par des chevaux de provenance française pouvant se rapporter à deux types principaux :

Le cheval normand ;

Le cheval de Tarbes.

Le normand remonte presque exclusivement la grosse Cavalerie, Carabiniers et Cuirassiers ; — presque entièrement aussi la Cavalerie de ligne, Dragons et Lanciers ; — et exceptionnellement la Cavalerie légère.

Le cheval de Tarbes remonte la Cavalerie légère, Chasseurs et Hussards; il peut aussi remonter la Cavalerie d'Afrique, concurremment avec le cheval arabe qui se trouve en abondance dans notre colonie.

Disons tout d'abord que, depuis ces temps derniers, ces deux types de chevaux de selle, les normands particulièrement, ont beaucoup gagné surtout comme formes et comme tempérament.

Le cheval normand est bâti pour avoir de la vitesse et de la durée, c'est-à-dire du fonds. Nous ne demanderions donc pour l'avoir plus parfait, qu'un peu ou un peu plus de sang qui garantisse la vitesse sans abandonner toutefois la production des sujets à articulations puissantes, solides, à poitrine développée qui dénotent du fonds.

Le cheval du midi, réputé pour avoir de la durée, conviendra toujours moins, croyons-nous, que le normand, pour aller vite.

Toutes choses égales d'ailleurs, il apparaît que les rayons du cheval de grande taille doivent embrasser un plus grand espace de terrain que les rayons du petit cheval.

L'expérience est ici en accord avec l'apparence théorique : dans les routes, dans les promenades, on voit les petits chevaux trottiner, galopailler à côté des grands chevaux qui restent toujours d'une allure au-dessous.

Les étapes sont plus vite parcourues par la grosse Cavalerie.

Nous avons vu, comme tout le camp de Châlons, en 1862, dans les courses militaires, un cheval arabe que son propriétaire, un officier d'Infanterie, annonçait comme étant d'une vitesse extraordinaire et qui devait laisser loin derrière tous ses concurrents. Ce fut le contraire qui arriva, comme chacun s'en souvient : le cheval arabe fut considérablement distancé, dès la moitié du parcours, par tous les autres chevaux de Dragons, Cuirassiers et Carabiniers.

Voulons-nous dire, par cela, que la Cavalerie légère doive se remonter en chevaux de haute taille ?

Non, assurément.

Les chevaux si nombreux et si bons de Tarbes et d'Algérie doivent remonter, comme actuellement, les régiments de Chasseurs et de Hussards ; ils conviennent parfaitement à la tactique spéciale de cette fraction de notre Cavalerie qui l'oblige à être souvent dispersée en tirailleurs, éclaireurs ou flanqueurs.

Mais lorsqu'il s'agira d'arriver en ligne sur un ennemi éloigné, c'est-à-dire de franchir rapidement une zone dangereuse étendue, le cheval de haute taille aura plus de chances d'aborder.

Nous avançons donc ici une vérité qui n'est pas universellement reconnue, c'est que la grosse Cavalerie peut marcher plus vite que la Cavalerie légère.

Nourriture.

Il est avéré pour chacun que nos chevaux acquerraient une vigueur et une résistance bien plus considérables, si l'alimentation était moins parcimonieuse.

Non-seulement alors que nous nous en servons, mais dès les premiers temps de l'élevage même, nos chevaux auraient besoin d'être nourris à l'avoine.

La presque totalité des chevaux de l'armée sont achetés au sortir de la prairie, n'ayant jamais vécu que

d'herbe, un peu de foin peut-être, mais très certainement jamais d'avoine; c'est là cependant la denrée qui
assure, qui forme le meilleur tempérament.

Si l'on parvenait à déterminer les éleveurs à cette dépense, nous aurions une espèce plus vite et plus sûrement améliorée; mais quelle rémunération trouveraient-
ils à ce surcroît dans le prix de revient ?

Il faudrait élever le prix d'achat.

Faisons à ce propos une remarque :

On a souvent engagé le service de la remonte à n'a-
cheter les chevaux que lorsqu'ils ont cinq ans, sauf à les
payer un prix plus élevé : d'accord, mais à condition que
ces chevaux auront été nourris à l'avoine ; sinon l'État
ferait un marché de dupe.

Les chevaux achetés à cinq ans, qui auraient été
nourris à la prairie seulement, seraient dans des conditions presque identiques à celles des chevaux de quatre
ans, alors qu'il s'agirait de les accoutumer au régime et
au travail de nos régiments.

Ce qui rend les chevaux *prêts* dès quatre ans, comme
dans les Ardennes, c'est la nourriture tonique qu'ils ont
reçue ; on a vu dans ce pays des chevaux de deux et
trois ans faire un excellent service de ferme ; à quatre
ans ils forment d'excellentes montures pour notre Cavalerie, d'excellents attelages pour notre Artillerie.

Il y aurait donc peut-être avantage, au contraire, à
acheter les chevaux très jeunes, moins chers, pour les
avoir prêts plus tôt.

Cette question de l'élevage se rattache à beaucoup
d'autres graves questions financières, agricoles ou com-
merciales qui ne peuvent entrer dans notre cadre.

L'élevage par l'État, dans de vastes haras, offrirait sans
doute des avantages précieux pour le mode d'alimentation, mais il entraîne à des dépenses considérables, —
et l'on a craint, à diverses époques d'essais en ce genre,
que le cheval *fait* ne revînt à un prix trop élevé.

Il semblerait cependant que l'éleveur, à qui le sol, la
main-d'œuvre sont beaucoup plus coûteux et qui en réalité n'utilise pas son élève d'une façon plus fructueuse

que ne pourrait le faire l'Etat lui-même, — doive avoir un produit plus onéreux.

L'Etat, au contraire, peut disposer de vastes terrains que cultiveraient ses élèves ; il a des hommes en nombre et au meilleur compte ; peut-être ne manquerait-il donc que des directeurs qui apportassent à de semblables institutions le même feu qu'à une industrie à la réussite de laquelle ils seraient grandement intéressés.

Soit que les chevaux sortissent des prairies des éleveurs, soit qu'ils sortissent des haras de l'Etat, il y aurait avantage, avant de les enrégimenter, à les soumettre à un régime de transition pour les amener progressivement à la ration et au travail régimentaires, les fortifier et leur laisser achever leur complet développement.

L'institution des grands dépôts aurait encore ici sa raison d'être. Le travail peu pénible de l'instruction des recrues serait un exercice suffisant pour les jeunes chevaux et ne les exposerait pas à une ruine prématurée comme les exercices pleins d'à-coups et de fatigues des évolutions.

Ils pourraient même séjourner dans ces dépôts un an ou deux.

Arrivés enfin dans les régiments, nos chevaux devraient avoir, dans certaines circonstances, une alimentation plus réparatrice, en raison de la fatigue plus grande à laquelle ils sont assujétis.

En station, dans les jours où il n'y a pas de travail, alors que le cheval est tenu à un repos presque absolu, la ration d'avoine pourrait être sinon supprimée, comme chez beaucoup de fermiers, pour les chevaux faits, du moins diminuée assez notablement.

Mais lorsque la saison des manœuvres est arrivée ; — ou bien si, comme nous le demandons, les chevaux étaient astreints à un travail quotidien et vigoureux, la ration est ou serait évidemment insuffisante.

En manœuvre, en route, au camp, les chevaux de Cavalerie légère devraient avoir une ration d'avoine de 5 kilogrammes.

Les chevaux de ligne 6 k.

Les chevaux de cuirassiers 7 k.

En campagne, le plus d'avoine possible, le plus qu'ils en pourraient manger ; un kilogramme de plus peut-être que dans les travaux en temps de paix.

En donnant ces chiffres, il n'y a pas ici intention de fixer des quantités absolues ; c'est plutôt comme comparaison avec les chiffres actuels et pour donner une mesure de nos idées.

La commsion d'hygiène hippique a bien mieux que personne les lumières, les documents, l'autorité et la compétence pour fixer la ration journalière d'entretien du cheval travaillant.

Dressage.

C'est surtout à propos du dressage du cheval que nous aurons beaucoup à faire dans la Cavalerie. C'est un résultat facile à obtenir puisqu'il ne faut qu'un peu de travail et d'attention intelligente ; c'est cependant une partie négligée dans notre métier.

Les méthodes ne manquent pas assurément et nous avons un large choix à faire ; mais si les principes sont abondants, la pratique manque trop souvent de patience, de suite.

Le dressage devrait commencer avec l'élevage ; si les chevaux, dans les prairies, ne restaient pas jusqu'à 3 ans 1/2 ou 4 ans sans jamais, pour ainsi dire, avoir eu de rapports avec l'homme, ils nous arriveraient moins sauvages dans les régiments ; leur dressage spécial, en vue de la guerre, serait plus sûr, plus rapide et moins funeste à leur organisation.

Dans les grands dépôts, on pourrait faire le dressage des jeunes chevaux avec des recrues, ce qui permettrait de gagner beaucoup de temps, quand il s'agirait d'alimenter de nombreux régiments en campagne.

Il faut remarquer, en outre, que, pour dresser des

jeunes chevaux, il vaut mieux avoir des hommes qui ne sachent absolument rien, qui sont circonspects, peu exigeants dans les commencements de l'instruction ; — ou bien des gens très habiles et sachant parfaitement ; — que les hommes de nos escadrons, ne sachant pas pour la plupart, mais ayant de la solidité et qui se montrent trop exigeants, durs.

Lorsque les jeunes chevaux arrivent dans les régiments, lorsqu'ils ont subi l'acclimatement, il serait désirable de les voir dresser par les officiers eux-mêmes, par les sous-officiers tout au moins.

Le dressage doit avoir pour but :

1° De rendre nos chevaux maniables;

2° De les accoutumer à de longues et rapides courses ;

3° De les rendre impassibles aux feux.

En assouplissant nos chevaux, il ne faut pas rechercher les difficultés de l'équitation ; ils ne sont pas destinés aux représentations du manége ni aux exercices de haute école.

Mais il faut qu'ils soient toujours dans la main des cavaliers, que ceux-ci puissent les faire tourner à droite ou à gauche, arrêter, repartir, revenir, franchir les obstacles à toutes les allures, sans effort, sans préoccupation.

Il ne faudrait pas croire que les chevaux de grande taille ne puissent acquérir cette souplesse que des gens trop exclusifs attribuent aux seuls petits chevaux.

Nons avons sous les yeux une Instruction imprimée, destinée à une division active de grosse Cavalerie ; dans cette Instruction, il est prescrit de ne pas exécuter de *changement de main* au galop parce que, — craignait le commandant de cette division, — les chevaux de haute taille ne peuvent facilement *changer de pied*.

Avec tant de prudence, avec si peu de foi dans ses moyens, que pourrait-on faire avec de la Cavalerie ?..

Voici la contre-partie :

« Seidlitz avait mis les choses sur un tel pied que le
« cuirassier pouvait agir comme le hussard ; *légèreté,*

« ordre, attaque, débandade, ralliement, tout était alors
« égal entre eux. » (W_ARNERY_, page 5.)

La confiance dans la vigueur et les moyens de nos
chevaux permettra qu'on les amène, par un sage entraînement (*Méthode* B_ONI_) à fournir de longues et rapides
courses.

La patience, la persévérance nous suffira pour rendre
nos chevaux impassibles aux coups de feu.

S'ils ne paraissent pas tels actuellement, cela s'explique
de reste. Ayant entendu quelques coups de fusil seulement dans le cours d'une année, ils se trouvent surpris
de nouveau chaque fois qu'ils en entendent ; par la longue
interruption de cette instruction, c'est chaque fois, pour
eux, un nouvel exercice ; c'est un dressage à recommencer chaque année.

Les jeunes chevaux, ceux qui n'ont jamais entendu
pareil bruit, s'y accoutument très aisément lorsqu'on les
y assujétit pendant seulement huit ou dix jours. Lorsqu'ils
le supportent bien, on cesse et l'on considère cette instruction comme leur étant acquise ; mais lorsque, dans
l'escadron, il s'agit, un an après, deux ans quelquefois,
de recommencer les feux, les chevaux sont surpris, peureux et se dérobent. Faut il s'en étonner ?

Equipement.

Principes généraux.

Quand nos chevaux seront de la meilleure espèce, bien
nourris, bien dressés, il nous faudra, pour leur donner le
moyen de marcher plus vite et plus longuement, ne pas
les surcharger d'un poids inutile dans les diverses parties
de l'attirail qu'ils doivent transporter.

Accusons tout de suite un principe général auquel, depuis longtemps, on a trop sacrifié, on a tout sacrifié :

on a voulu paraître beaux ; on a tout subordonné à ce qui est apparences, on n'a voulu, croirait-on, que de la représentation.

Tous les esprits sensés aperçoivent d'emblée tout ce qui peut être renfermé de faux, de nuisible, de dangereux même dans ce parti pris et nous savons bien n'être pas des premiers à le proclamer ; nous essaierons néanmoins de démontrer pièce à pièce l'utilité ou l'inutilité des diverses parties de l'habillement, du grand équipement, de l'armement, du harnachement, du petit équipement et du campement.

La puissance du choc de la Cavalerie peut s'apprécier, comme tout autre choc, en multipliant le poids de la masse projetée par la vitesse de la projection. Comme d'ailleurs il s'agit, de nos jours, non plus seulement de produire un choc puissant, mais de le produire rapidement, on aura tout à gagner à augmenter l'un des deux facteurs, *la vitesse* ; cela permettra d'obtenir le même produit tout en diminuant l'autre élément, *poids* (1).

Mais en diminuant sensiblement le poids dont le cheval est chargé, non-seulement on obtient la même puissance de choc, mais surtout on ménage, avant et après cet effort, les forces du cheval, ce qui permet de renouveler plus fréquemment l'usage exténuant des courses rapides.

Avant tout voyons le poids du cavalier. On le compte dans la Cavalerie légère comme étant, en moyenne, de 65 kilogrammes.

Avons-nous donc besoin d'hommes de si haute taille pour monter d'aussi petits chevaux ? Ne pourrait-on pas utiliser, pour le plus grand avantage de nos petites montures, les jeunes gens trop petits pour l'Infanterie, mais bien bâtis, lestes, vigoureux ; cela fournirait au conti-

---

(1) En mécanique, le choc s'apprécie en multipliant la masse par le carré de la vitesse : en augmentant la vitesse, c'est donc la manière la plus puissante d'augmenter le choc.

gent de chaque année une augmentation de ressources et réduirait le poids moyen du cavalier d'une quantité qu'on peut évaluer à plusieurs kilogrammes.

Un commencement de satisfaction vient d'être donné à ce principe par la loi sur l'organisation de l'armée, qui abaisse la taille d'un centimètre.

Habillement.

Le seul vêtement que devrait avoir l'homme de la Cavalerie, c'est la tunique ; avec elle le cavalier sera couvert aux parties qu'il importe le plus de ne pas laisser exposées au froid, le ventre et le haut des cuisses.

Malgré la question de couleurs, de plastrons, il y a lieu d'espérer ce vêtement, dans un temps rapproché, pour toutes les sous-armes de la Cavalerie qui ne l'ont pas encore.

Nous supprimerions la veste.

Le soldat est un homme de travail et quand il n'est pas de service, il a besoin d'un vêtement aisé, avec lequel il puisse vaquer à tout. La blouse en toile n'est pas moins chaude que la veste, parce qu'elle conserve autour du corps une couche épaisse d'air chaud, véritable rempart contre le froid extérieur. Les anciens, — Germains et autres, — la portèrent sous le nom de *sagum* et plus tard les Français, sous le nom de *sayon*. C'est un vêtement peu coûteux, facile à tenir propre, facile à remplacer et qui, avec la tunique, suffit largement à tous les besoins du cavalier. C'est le vêtement des chasseurs, des artistes, de tous ceux enfin qui, ayant un travail à exécuter, le veulent faire à l'aise. C'est le vêtement qu'ont adopté ces vaillants et alertes tireurs, enfants des Vosges, qui paraissaient récemment à Paris.

Pour le service, pour le travail au dehors, dans les villes de garnison, pour ses promenades, le cavalier porte la tunique ; — pour les corvées, pour le travail d'écurie, pour l'intérieur du quartier, dans les camps, la blouse.

Elle pèse moins que la veste et coûtera moins cher à l'Etat.

Le pantalon à la Lassalle est bon, mais à la condition qu'il sera le seul pantalon du soldat.

Cependant, en vue de supprimer une des deux enveloppes de cuir qui entourent la jambe du cavalier le pantalon à fausses bottes serait peut-être avantageusement remplacé par un pantalon tout en drap, avec des houzeaux et des brodequins.

Les poches de côté que les pantalons portent actuellement sur le milieu de la cuisse, offrent un aspect fort laid par l'ouverture sans cesse béante et d'une propreté souvent douteuse qu'elles forment surtout quand le cavalier est à cheval. Cette poche en tombant le long et au-dessous de la cuisse, ne peut pas être très utile au soldat : s'il y met quelque chose de dur, son couteau ou sa bourse, il risque d'en être blessé dans un mouvement violent de son cheval.

En plaçant deux poches, deux goussets, s'ouvrant immédiatement au-dessous de la ceinture, on n'aurait pas ce double inconvénient de laideur et de danger de blessure ; ces deux poches offriraient l'avantage de couvrir une partie du ventre ; — avec la tunique, on place l'ouverture des poches à trois doigts de la ceinture du pantalon.

Nous voudrions, placée à droite, une poche en cuir léger, solide cependant, assez longue, se plaçant dans la dépression de l'aîne et destinée à contenir les cartouches du cavalier, — à gauche une poche en toile pour le couteau, la bourse, la pipe, etc.

La calotte en drap fait double emploi avec les calottes de coton ; elle devrait subsister seule, peut-être avec un peu plus d'ampleur pour mieux s'enfoncer sur la tête et couvrir les oreilles.

Grand équipement.

Nous conserverions le manteau faute de savoir par

quoi le remplacer ; car il faut un pardessus au soldat.

Faisons remarquer combien on a jusqu'ici rarement fait usage du caoutchouc dans l'équipement militaire, alors que dans la vie civile on en fait un emploi si fréquent et si varié.

Ainsi, pourquoi ne nous a-t-on pas donné le pardessus qui garantit si bien de la pluie ? Ne pouvait-on éviter les inconvénients de ce vêtement ?

Non-seulement le caoutchouc protège contre la pluie mieux que le manteau et est, en réalité, aussi chaud, mais encore il épargne à l'homme et surtout au cheval la lourde charge que forme le manteau de drap quand, après une longue pluie, il se trouve imprégné d'eau ; il faut avoir fait une étape avec ce vêtement ainsi mouillé tirant lourdement sur les épaulettes, pour savoir quelle fatigue en éprouve le cavalier et combien le cheval doit en être éreinté.

Le caoutchouc ou une étoffe caoutchouctée trouverait aussi un utile emploi en jambières, en cuissières surtout, en garniture de patte de portemanteau, etc.

Le général de Brack demande la suppression de la dragone en buffle comme étant d'un usage peu commode en campagne ; elle pourrait être remplacée par un faisceau de fines cordelettes affectant la disposition d'un écheveau de fil et ayant quelques passants fixes pour empêcher l'enchevêtrement.

La giberne et le porte-giberne doivent être supprimés. Cette boite difficile à ouvrir, dure au contact — ce qui occasionne la détérioration des cartouches — et très-pesante devrait être remplacée par une poche plate en cuir flexible s'attachant au ceinturon comme dans l'Infanterie ; ou mieux encore, la poche droite du pantalon devrait être disposée pour cela et remplacer simplement tout cet attirail de buffleteries.

Il en est de même pour le couvre platine dont l'usage est très contestable à la guerre ; avec son système de courroies bouclées, il peut arriver que le cavalier, dans un moment de pressante nécessité, de surprise, ne puisse assez rapidement disposer de son arme. D'ailleurs le couvre-platine ne garantit que très imparfaitement la platine de la pluie ni de l'humidité ; un mouchoir remplit bien mieux cet objet. Le nouveau fusil nécessitera moins encore l'usage de cet accessoire qui devra, en tout cas, être assez profondément modifié.

Les houzeaux donnés jusqu'à ce jour aux officiers seulement, comme étant de la plus grande commodité, devraient, au même titre, être donnés à tous les hommes de troupe. Le général de Brack les approuve, mais il leur reproche d'augmenter *le nombre* des effets de l'équipement du cavalier et de retarder l'action de se vêtir.

Le houzeau a un double avantage : c'est d'empêcher le frottement du pantalon contre le cheval, puis de protéger le coude-pied et la jambe du cavalier contre le froid et la boue.

C'est si commode, lorsqu'on descend de cheval après une longue course au milieu de chemins détrempés, de pouvoir se débarrasser promptement du seul vêtement qui surcharge d'un kilogramme de boue et maintient une profonde humidité autour des membres.

Avec le pantalon à la Lassalle lui-même, le cavalier ne peut se nettoyer à fond qu'en se déshabillant, et encore conserve-t-il longtemps l'humidité la plus pernicieuse ; avec le houzeau, sans être dévêtu, il peut se remettre en un clin d'œil propre et dispos.

Il ne faut pas s'appesantir sur la parfaite inutilité de la sabretache et de toutes les courroies qui y sont attachées ; c'est un restant des vieilleries qui sont en train de disparaître.

Armement.

Avec le sabre, qui est donné à tout ce qui est à cheval, nous n'avons besoin que d'une arme à feu, le fusil se chargeant par la culasse — et pour la grosse Cavalerie, qui n'a pas de fusil, le rewolver.

Nous louons conséquemment la mesure récente qui

retire le pistolet aux Dragons, Chasseurs, etc.; il faisait surabondance, synonyme d'inutilité.

La nouvelle arme à feu entraînera la suppression du lourd nécessaire d'armes actuel, du tire-balle, du monte-ressort, des clefs de cheminée.

Harnachement.

C'est à propos de cette partie si importante de notre attirail qu'il y a eu le plus de controverses, de critiques ; et il faut avouer que ce n'a pas toujours été sans de justes motifs.

La *selle* a été changée si souvent qu'il y a lieu de craindre que nous n'ayons pas encore définitivement cette base de notre harnachement. Il ne faut pas se dissimuler que l'invention et l'adoption d'une bonne selle pour la Cavalerie, forment une question très grave et, par cela, difficile à résoudre.

Un homme très intelligent et d'une compétence incontestable a émis sur ce sujet des idées très sensées ; peut être faut-il regretter qu'elles n'obtiennent pas un meilleur accueil.

Dans *la Cavalerie considérée au point de vue de son harnachement et de son équipement, Paris*, 1863, **M.** le capitaine Cogent concluait à l'adoption d'un modèle inventé par lui depuis déjà longtemps et sensiblement amélioré depuis. — Dans un opuscule plus récent, 1866, le même auteur modifie assez profondément son modèle primitif et donne en outre tout un système d'améliorations pour la Cavalerie.

De toutes les bonnes idées de M. Cogent relatives au harnachement, nous louons surtout sans réserve celles qui tendent à la diminution du poids, à la simplification des accessoires, à la suppression du licol, à la modification de la schabraque, etc.

Il y a, croyons-nous, dans la fabrication des harnachements, un principe général mauvais, dont on ne s'est pas assez souvent éloigné : *on a cherché à faire très solide.*

La solidité est assurément une qualité précieuse surtout dans les objets qui doivent supporter les actions toujours énergiques du cheval ; mais on a peut-être exagéré l'usage de cette qualité.

On a tout confectionné comme devant avoir une durée de 20 ans et alors on a employé des cuirs très épais, mais alors très lourds, très prompts à se durcir, à se fendiller et à se casser, fatiguant le cheval et amenant vite des blessures ; — et, avec cela, pas toujours aussi solides qu'ils paraissaient devoir l'être.

De plus, comme la valeur des cuirs est en raison du poids, on a été contraint à des tarifs d'autant plus élevés.

En prenant des cuirs moins volumineux, on aurait épargné au cheval une fatigue qui le ruine et, par là, se trouve être un véritable préjudice pour l'Etat ; on aurait eu des cuirs plus souples, plus durables, moins gênants et moins chers.

On cherche depuis longtemps un bon modèle de selle : pourquoi ne pas adopter celui qui est en usage aujourd'hui, dit *selle d'officier*, qui est solide et qui ne blesse jamais les chevaux ? Ou bien, pourquoi ne pas prendre la selle anglaise avec des accessoires ?

Petit équipement.

Abordons maintenant les effets de linge et chaussure, de petit équipement, de petite monture, etc., qui constituent la propriété du cavalier, son ménage ; nous y trouverons peut-être beaucoup de choses inutiles.

Il faut remarquer que, de nos jours, les expéditions semblent ne devoir plus être de très longue durée ; — en tout cas, les moyens de transport sont devenus nombreux, faciles et rapides ; — par conséquent, l'approvisionnement individuel en effets devient une charge qui n'est pas rigoureusement indispensable. Il n'y a pas un objet dont la durée ne soit assurée pour au moins quatre mois ; si, après cette durée, le cavalier vient à manquer d'effets, les approvisionnements généraux auront eu tout le temps d'y subvenir.

Deux chemises suffisent au cavalier : une sur le dos, une dans le portemanteau ; mais deux chemises neuves au départ, de très bonne qualité et en coton, ce sont les plus hygiéniques.

Nous supprimerions la bretelle de sabre qui est pour le cavalier une fatigue, une gêne et un ennui. Une fatigue, en ce que appuyant constamment sur l'épaule droite, le poids du sabre y opère une traction qui à la longue devient fort dure ; une gêne en comprimant la poitrine transversalement et empêchant la libre action de tous les muscles de cette région ; un ennui en ce que le cavalier, en s'habillant, l'oublie très souvent, ce qui l'oblige à se déshabiller de nouveau pour la placer. Le plus souvent il ne la porte pas.

Nous supprimerions les bottes et les bottines qui sont très lourdes et rendent le cavalier moins ingambe. Deux bonnes paires de brodequins avec des éperons à tiges courtes suffiraient avec l'emploi des houzeaux. Pas de cordons ou lacets, mais de forts élastiques qui permettent au cavalier de se chausser promptement.

Nous demandons pour la Cavalerie la cravate donnée à l'Infanterie, comme plus commode, plus aisée et plus durable que le col.

Les objets de coiffure donnés au cavalier son trop nombreux : casque ou schako, bonnet de police, calotte en drap, calottes de coton ; les deux calottes de coton peuvent être supprimées et remplacées pour la nuit par la calotte en drap.

Le cache-éperons actuel est lourd, compliqué et peu utile ; un chiffon roulé autour des éperons est plus fréquemment employé par les cavaliers.

Les épaulettes devraient être conservées seulement pour les corps ayant la cuirasse ; la patte d'épaulette formant coussin peut alors préserver le cavalier de blessures

aux épaules et aux hanches ; pour tous les autres cavaliers, elles sont totalement inutiles.

Dans les effets de pansage on devrait ne pas donner
d'étrille. Même en garnison il est souvent recommandé
de ne pas se servir de cet instrument parce qu'il blesse
le cheval ; mais en route, en campagne surtout, alors
que les parties charnues sont endolories par la transpira-
tion et le contact répété du harnachement, il faut reconnaître que l'étrille est, non plus seulement inutile, mais
bien réellement nuisible ; un bouchon de foin roulé et
mouillé convient mieux ; si les poils sont agglutinés par
le crottin, par la boue, prenez l'éponge plutôt que l'é-
trille qui arrache. Dans tous les autres cas, c'est-à-dire
pour le pansage habituel, une bonne et forte brosse en
crin suffit avec l'époussette.

Le peigne à cheval est supprimé dans presque tous
les régiments.

Dans les petits effets de propreté, on devrait bien
supprimer tout ce qui sert à *faire briller* et ne conserver
qu'une brosse à graisse et une boîte à dégras pour l'entretien de tout ce qui est cuir. Cela serait aisé surtout si
toutes les buffleteries étaient noires, comme elles le sont
dans l'Infanterie.

La blouse, remplaçant la veste, pourrait être placée
dans le portemanteau, ce qui rendrait la petite besace
inutile.

Trouverait-on un seul cavalier n'ayant pas de couteau ?
— C'est évidemment un objet de première nécessité.
Cependant il n'existe pas dans la nomenclature des effets
de petit équipement ; nous voudrions au couteau du cavalier une lame ordinaire, une lame de serpette, une
lame de canif, une lame de scie, un cure-pied, une
cuillère, un briquet, une lime, un tournevis, un emporte-
pièce, une vrille et un tire-bouchon. Tout cela devrait
être en très bonne marchandise et confectionné plutôt en
vue d'un long usage, quoique pas trop massif, que d'un
fini préjudiciable à la solidité et au bon marché.

Ce modèle est plus compliqué que celui que donne le général de Brack ; mais on a vu, en fabrique, un exemplaire qui n'est pas volumineux, pas trop lourd et que la fabrication en grande quantité permettrait sans doute d'obtenir à un prix peu élevé.

Campement.

Les gamelles communes que fournit l'Administration doivent tout naturellement faire disparaître les gamelles individuelles qui sont en usage en garnison ; — ou inversement.

Les grands bidons en fer battu, si volumineux, si lourds, si incommodes à transporter, si vite bossués et même troués, ne pourraient-ils donc être très avantageusement remplacés par des seaux en forte toile, comme les seaux d'incendie, solides, légers et si facilement transportables ?

Nous voudrions aussi, au lieu du petit et incommode bidon individuel qui est si promptement sale et percé, nous voudrions la petite bouteille plate des voyageurs, ou une bouteille d'autre sorte soit en peau, soit en gutta-percha, etc.

Au lieu des grandes cordes qui servent à attacher tous les chevaux d'un peloton, nous demandons l'entrave individuelle au bout d'une corde d'environ 30 centimètres de longueur, avec un piquet à anneau tournant.

Nous donnons ci-après, la nomenclature de tous les effets qui peuvent former en campagne la charge du cheval ; nous avons indiqué ceux que nous voudrions voir supprimés et la diminution de poids qui s'en suivrait.

Chaque objet a été pesé par nous ; tous se trouvaient dans un état d'usure varié et appartenaient à un *dragon* de moyenne taille.

N^{os} d'ordre.	NOMENCLATURE.	POIDS		OBSERVATIONS.
		actuel	à conserver	
	Effets de 1re catégorie			
	HABILLEMENT			
	—			
1	Habit.	1 400	« «	Remplacé par la tunique
2	Veste	« 930	« «	Remplacée par la blouse.
3	Tunique.	« «	1 720	
4	Pantalon d'ordonnance. . . .	1 010	« «	Supprimé.
5	Pantalon de cheval.	2 015	1 300	Basané en drap.
6	Bonnet de police	« 160	« 160	
7	Calotte en drap	« 070	« 080	Plus grande.
	2e Catégorie			
	GRAND ÉQUIPEMENT			
	—			
8	Casque	1 380	1 380	
9	Crinière.	« 150	« 150	
10	Manteau.	3 275	3 275	
11	Portemanteau	« 785	« 785	
12	Ceinturon	« 650	« 650	
13	Dragonne	« 090	« 028	Modifiée.
14	Giberne	« 800	« «	Supprimée.
15	Porte-giberne	« 238	« «	Supprimé.
16	Bretelle de fusil	« 101	« 101	
17	Couvre platine	« 250	« «	Supprimé.
18	Heuzeaux	« «	1 170	
19	Sabretache	« «	« «	1 k. 100 pour mémoire.
20	Plaque de sabretache . . .	« «	« «	« 100 id.
	ARMEMENT			
21	Sabre	2 050	2 050	
22	Fusil rayé	4 330	« «	Remplacé par le modèle 1866.
23	Fusil modèle 1866	« «	4 054	Sans baïonnette.
24	Pistolet	1 305	« «	Supprimé.
25	Nécessaire d'armes.	« 120	« «	Supprimé.
26	Tire-balle	« 016	« «	Supprimé.
27	Monte-ressort	« 097	« «	Supprimé.
28	Clef de cheminée	« 120	« «	Supprimée.
	HARNACHEMENT			
29	Selle et accessoires	15 500	7 500	Poids du harnachement d'après M. Cogent.
30	Bride, mors, licol	3 450	2 «	
31	Couvertures	2 750	2 «	
	A reporter . .	42 742	28 403	

Nos d'ordre	NOMENCLATURE.	POIDS actuel	à conserver	OBSERVATIONS.
	Report. . . .	42 742	28 403	
32	Tapis	« «	« «	Pour mémoire 1 k. 900.
33	Schabraque	3 «	2 880	
34	Bissac de campagne . . .	1 «	« «	
35	Ferrure d'approvisionnement	1 600	1 600	

CAMPEMENT

Nos d'ordre	NOMENCLATURE.	POIDS actuel	à conserver	OBSERVATIONS.
36	Marmite . . . . . 1 k. 630	« 163	« 163	Une pour dix hommes au moins.
37	Gamelle 1 100	« 110	« 110	id.
38	Grand bidon . . . 1 520	« 152	« 130	Remplacé par des seaux en toile.
39	Baril et banderolle	« «	« «	
40	Pelle	« «	« «	
41	Pioche	« «	« «	
42	Hache 0 700	« 070	« 070	Une pour dix hommes.
43	Serpe 1 500	« 150	« «	Surabondant avec la hache.
44	Couverture	« «	« «	L'homme prend celle du cheval.
45	Corde	« «	« «	{Une par peloton à suppri-
46	Maillet ou masse	« «	« «	mer, un cheval la porte.
47	Piquets et entrave . . .	« «	« 150	Individuels.
48	Moulin à café . . . 1 500	« 150	« 150	Un pour dix hommes.
49	Petit bidon	« 450	« 300	Remplacé par une bou-teille garnie d'osier.
50	Faucille 0 700	« 140	« 140	Une pour cinq hommes.
51	Scie	« «	« «	

PETIT EQUIPEMENT

Nos d'ordre	NOMENCLATURE.	POIDS actuel	à conserver	OBSERVATIONS.
52	Un livret	« 043	« 043	
53	Trois chemises	1 680	1 120	Deux seulement.
54	Deux caleçons	« 620	« 620	
55	Une blouse	« «	« 705	
56	Une paire de bretelles . . .	« 088	« 088	
57	Une bretelle de sabre . . .	« 075	« «	Supprimée.
58	Deux pantalons de toile . .	1 330	1 330	
59	Une paire de bottes . . .	1 320	« «	Supprimée.
60	Une paire de bottines . .	1 130	« «	Supprimée.
61	Deux paires de souliers . .	« «	1 760	
62	Deux cols	« 070	« «	Supprimés.
63	Une cravate	« «	« 072	
64	Deux calottes de coton . .	« 112	« «	Supprimées.
65	Un cache éperons . . .	« 057	« «	Supprimé.
66	Un sac	« 450	« 450	
67	Deux musettes	« 272	« 272	
68	Deux paires d'épaulettes . .	« 502	« 251	Une seule paire, sinon supprimées.
69	Une étrille	« 377	« «	Supprimée.
70	Une brosse à cheval . . .	« 211	« 211	
	A reporter .	58 064	44 018	

Nᵒˢ d'ordre.	NOMENCLATURE.	POIDS		OBSERVATIONS.
		actuel	à conserver	
	Report.	58 064	41 018	
71	Un peigne à cheval	« 035	« «	Supprimé.
72	Une éponge	« 085	« 085	
73	Une époussette	« 135	« 135	
74	Une corde à fourrages	« 275	« 275	
75	Une paire de ciseaux courbes	« 045	« 045	
76	Une trousse garnie	« 170	« 170	
77	Une brosse à habits	« 135	« 135	
78	— à reluire	« 170	« 170	
79	— à cirage	« 105	« 105	
80	— à décrotter	« 120	« 120	
81	— à boutons	« 085	« 085	
82	Courroie de manteau	« 050	« 050	
83	Une besace	« 090	« «	Supprimée.
84	Deux mouchoirs	« 100	« 100	
85	Une boîte à cirage	« 100	« 100	La boîte vide, 0,060
86	— à graisse	« 055	« 055	
87	Un cure-pied	« 010	« «	Après le couteau.
88	Une brosse à graisse	« «	« «	Pour mémoire.
89	Une fiole à tripoli	« 016	« 016	
90	Un plumet avec étui	« 068	« «	Supprimé en campagne.
91	Un pompon	« «	« «	Pour mémoire.
92	Une olive	« 020	« «	Supprimée en campagne
93	Un cordon de talpack	« «	« «	Pour mémoire.
94	Un couvre talpack	« «	« «	Pour mémoire.
95	Une pipe	« 050	« 050	
96	Du tabac	« 080	« 080	
97	Un portemonnaie	« 100	« 100	
98	Un couteau	« 400	« 400	
99	Une cuillère	« 025	« «	Après le couteau.
100	Une gamelle en fer battu	« 440	« «	Supprimée en campagne
101	Une épinglette	« 007	« «	Supprimée.
102	Deux bouchons de canon	« 020	« 010	Un seul désormais.
103	Deux tampons de cheminée	« 014	« «	Supprimés.
104	Deux paires de sous-pieds	« 030	« 030	
105	Un rasoir et son cuir	« «	« 070	
106	Deux paires de gants	« 150	« 150	

PROVISIONS

Nᵒˢ d'ordre.	NOMENCLATURE.	POIDS		OBSERVATIONS.
		actuel	à conserver	
107	Pain pour un jour	« 750	« 750	
108	Viande	« 300	« 300	
109	Légumes secs	« 100	« 100	
110	Sucre, café	« 100	« 100	
111	Avoine	6 «	6 «	
112	Fourrage	6 «	6 «	
113	Munitions du fusil rayé	1 230	« «	30 cartouches.
114	Cartouches Chassepot	« «	2 065	63 cartouches.
115	Boisson	« 500	« 500	
	Poids total.	76 229	59 369	

En prenant le poids des effets actuellement en usage. .   76 kilog.
et y ajoutant le poids du cavalier.   65   »
on trouve que le cheval porte une charge d'au moins. .   .   141   »

Tandis qu'on pourrait réduire le poids des effets à. .   .   60   »
ne mettre que des cavaliers de moindre taille, pesant. .   60   »
ce qui réduirait la charge du cheval à. .   .   .   120 kilog.

On peut donc dire que nos chevaux sont actuellement surchargés d'un poids d'au moins vingt kilogrammes.

Nous avons eu la chance, qui nous cause quelque appréhension, de nous rencontrer de pensée, avec de grands écrivains militaires de ces temps derniers : nous n'avons pas moins laissé subsister ce que nous avions écrit depuis déjà plusieurs années, malgré l'idendité parfois même de la forme. Cela prouve d'ailleurs que ces idées sont un peu celles de tous les militaires.

Quelques innovations se sont produites récemment dans le perfectionnement des armes et se produisent encore tous les jours : elles ne changent rien à notre pensée ; elles n'altèrent pas sensiblement l'exactitude de nos raisonnements.

Une sorte de lutte, d'émulation, se manifeste entre les diverses armes : par ses canons rayés, l'Artillerie a occupé un moment le haut du pavé ; aujourd'hui l'Infanterie avec le fusil se chargeant par la culasse semble tenir le premier rang dans l'estime publique ; demain peut-être un nouveau sujet se présentera à notre admiration.

Constatons que nos sœurs l'Infanterie et l'Artillerie ne sont, pas plus que nous, au dernier mot de leur progrès.

On offre déjà à l'Infanterie des fusils meilleurs, croit-on, que les chassepot. L'Artillerie reconnait, elle-même, avoir — « des points qui laissent encore à désirer : aug-« menter la tension de la trajectoire sans sacrifier la « justesse ; obtenir un mode de fabrication des parois de « l'âme, opposant plus de résistance aux dégradations

« provenant du tir ; assurer l'éclatement des projectiles
« par le perfectionnement de leurs fusées. »

La Cavalerie peut donc envisager l'avenir avec quelque confiance ; comme elle, chacun a besoin de perfectionnements ; comme chacun, elle y travaillera avec
ardeur.

TABLE DES MATIÈRES.

—

Fig. 1.

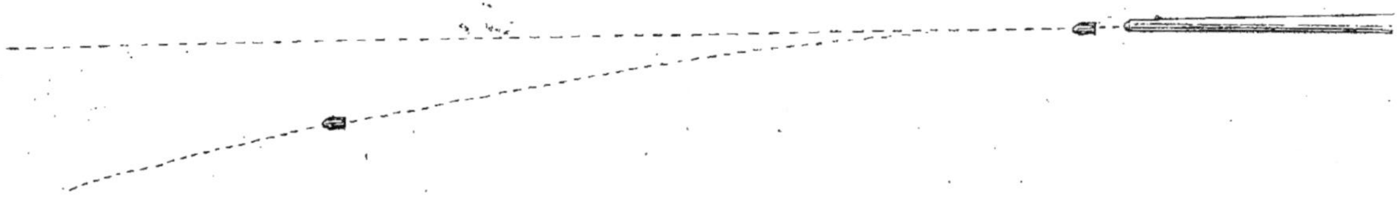

Fig. II.

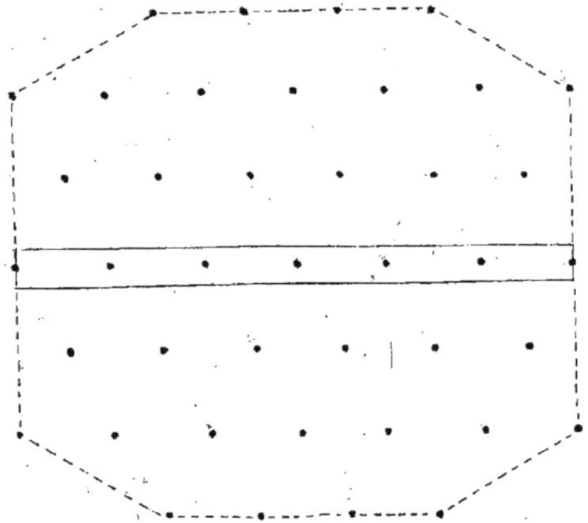

Fig. III.

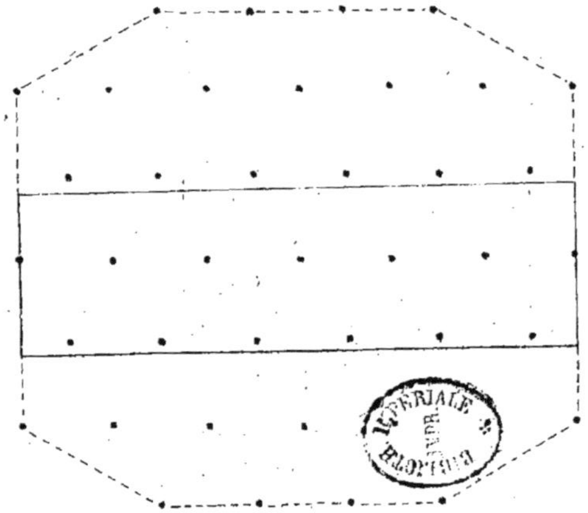

9 782019 947989